사이토 다카시의

유연한 **지성**의 **단련법**

사이토 다카시의

유연한 지성의 단련법

불안을 이기는 지성의 힘

샘터

일러두기

괄호 안의 작은 글은 모두 옮긴이 주입니다.

프롤로그

지성은 '살아가는 힘'이다

'○○교 신자는 미래의 테러리스트다.'

'우리 나라에서 이민자를 추방하라!'

'해외 생산 거점은 일단 국내로.'

최근에는 선진국과 개발도상국을 가리지 않고 배외주의(排外主義, 외국 사람이나 외국의 문화, 문물, 사상 등을 배척하는 주의)가 서린 주장을 외치는 지도자가 차례로 등장해 대중의 지지를 받고 있다.

그들의 말을 들어보면 자신들은 정의롭고, 대립하는 국가나 민족, 집단은 언제나 옳지 못하다.

이런 지도자가 대중의 인기를 얻는 원동력 가운데 하나가 '반(反)지성주의'다.

반지성주의란 지적인 권위와 양식을 의심하고 논리나 과학적 증거는 경시하면서, 좋다/싫다 같은 단순한 감정과 자신들의 주관적인 견해에 가치를 두는 태도다. 현대는 이런 반지성주의가 엘리트층에 대한 불신과 맞물려 전 세계로 확산되고 있다.

그러나 나는 그렇기 때문에 더 소리 높여 말하고 싶다. '지성은 현대사회를 살아가는 데 필요불가결'하다고.

미지의 현상이나 겪어보지 못한 상황에 처했을 때 지성이 빈약한 사람일수록 당황하며 부산을 떤다. 그 모습을 객관적으로 보고 있자면, 하늘과 땅에서 일어나는 자연의 이변을 악마의 짓이라 믿어 필요 이상으로 두려워했던 문명 이전의 인류를 닮았다.

사람은 지나치게 두려워하면 적절한 대처를 하지 못한다. 망상 속에서만 처리할 뿐이다. 그러나 지성을 지니고 있으면 미지의 현상을 조우해도 겁내지 않는다. 오히려 편견에 얽매이지 않고 현실에 맞게 대처할 수 있다.

지성은 어려운 문제나 힘겨운 현실에 직면했을 때 그 원인을 밝혀내는 힘이고, 취할 수 있는 현실적인 선택지를 찾는 힘이며, 실제로 행동으로 옮겨 대처하는 힘이기 때문이다. 즉 진정한 지성은 '살아가는 힘'이다.

단, 여기서 주의해야 할 것은 '지성'이 반드시 '지식'과 일치하지 않는다는 점이다.

'논어를 읽되 논어를 모른다'는 말이 있다. 수박 겉핥기라는 뜻이다. 아무리 책을 많이 읽고 방대한 지식을 쌓았어도 그저 몇 년 몇 월에 무슨 일이 있었고, 어떤 위인이 이런 일을 했다는 사실만 나열할 줄 안다면 그것은 잡다한 지식에 불과하다.

지성은 훈련 가능한 힘이다

이 책의 제목은 《유연한 지성의 단련법》이다. 제목대로 지성은 단련하면 키울 수 있는 능력이다. 그리고 그 시작은 '이해'에서 시작

된다.

사람은 올바로 이해해야 올바로 판단하고 올바로 행동할 수 있다. 제대로 이해하지 않은 채 판단과 행동을 하면 잘못된 방향으로 나가게 된다.

이해를 근거로 삼지 않는 결정을 '선입관' 혹은 '선입견'이라고 한다. 19세기 말부터 20세기 초반에 걸친 세기 전환기에 '현상학'을 창시한 에드문트 후설은 선입관을 없애고, 아직 확실하지 않은 것은 '괄호 속에 넣기'를 하면 비로소 현상이 현상으로서 출현한다고 생각했다.

타인과의 관계에서도 선입관은 서로의 이해를 방해한다. 우리는 선입관 없이 마음을 열고 상대의 말에 귀를 기울일 때 더 많이 이해할 수 있다. 이것은 지능의 높고 낮음보다는 마음의 유연함에 달렸다. 이전에 몰랐던 새로운 정보에 늘 자신을 열고 타인을 받아들이는 '마음의 습관'이 더 나은 이해로 이어진다는 뜻이다.

"인간의 지식이 인간의 힘이다"라는 말로 유명한 프랜시스 베이컨은 올바른 사고를 방해하는 선입관이 라틴어로 '우상'을 의미하는 '이돌라(Idola)'에 대응한다고 보았다. 그는 이를 네 종류로 분류했다.

첫 번째 종족우상. 이것은 인간이 가진 고유의 신체감각이 만들어 내는 선입관이다. 두 번째 동굴우상은 교육과 습관 등 개인의 경험이 만드는 선입관이다. 세 번째 시장우상은 소문이나 무책임한 억측 등 타인과의 접촉에서 발생하는 말의 선입관이고, 네 번째 극장우상은 권위와 전통을 무비판적으로 믿어버리는 선입관이다.

현실을 있는 그대로 직시하려면 마음에 뿌리 내린 이런 선입관과 권위주의부터 버려야 한다. 이는 마음의 자세를 바꾸는 것이라서 훈련에 어느 정도 시간이 필요하다.

나는 선입관을 제거할 수 있는 유연성을 '정신의 젊음'이라 표현하는데, 이는 청년에게만 있는 것이 아니다. 자기 생각을 고집하는 청년이 있는가 하면, 오랜 시간 동안 단련해 어지간한 일에 흔들리지 않는 열린 마음을 가진 고령자도 있다. 열린 마음이야말로 정신의 성숙이다.

이런 열린 마음을 직접 실현한 사람 중에 하이쿠 작가 마쓰오 바쇼가 있다. 바쇼의 하이쿠를 엮은 《거래초(去來抄)》에는 "불변의 진리를 모르면 기초를 확립할 수 없고, 시대의 변화를 모르면 새로운 발전이 없다"는 유명한 말이 있다.

시대와 관계없이 보편성을 갖추지 못하면 하이쿠를 지을 수 없으며, 그렇다고 새로운 것을 모르면 범작밖에 만들 수 없다는 의미다.

바쇼는 죽을 때까지 새로운 것, 재미난 것, 진귀한 것을 추구했다.

예술가도 고유의 패턴을 확립하면 자기 모방을 계속해 죽을 때까지 명성을 유지할 수 있다. 그러나 그는 그런 정석(定石)은 거부하고 새로운 깨달음과 발견이 없으면 한 구의 하이쿠도 읊지 않았다.

이해는 지성의 원동력이다

나는 인간이 타인, 즉 자신 외의 대상에게 보낼 수 있는 에너지에는 '사랑'과 '이해' 두 종류가 있다고 생각한다.

이 둘 가운데 현대에서 중시되는 것은 사랑일 것이다. 사랑이란 감정은 이론을 따지지 않고 사람을 움직이게 하는 강력한 힘을 갖고 있다.

우리는 종종 큰 죄를 지은 사람이 주위의 뭇매를 맞아도 그의 부모만큼은 자식을 감싸는 장면을 볼 때가 있다. 또한 툭하면 빚을 지는, 제삼자가 보아도 한시 빨리 헤어져야 마땅한 배우자와 끝까지 함께하려는 사람도 있다. 이들이 어려움 속에서도 꺾이지 않는 것은 사랑의 힘 때문이다.

그러나 사랑은 특정인(특정 대상)에게만 향하는 특징이 있다.

물론 인류사를 보면 모든 사람과 대상을 사랑하는 이도 있었겠지만, 대개는 사랑하는 대상도 있으며 그다지 사랑하지 않는 대상도 있는 것이 보통이다. 그런 점에서 이해는 사랑만큼 뜨겁지 않지만 모든 것에 작용하는 만큼 지극히 안정적인 힘이다.

세상에는 자식을 사랑하지 않는 부모도 있다. 도저히 사랑할 수 없다고 고민한다. 자식이 자신의 말을 듣지 않는다, 기대한 대로 자식이 살지 않는다며 슬퍼한 나머지 사랑이 증오로 바뀐 예도 적지 않다.

그런 경우에는 억지로 사랑하려 애쓰기보다, 이해하려 하는 편이 더 수월하다.

말귀를 알아듣지 못하는 아이에게 화내는 대신 행동을 관찰해 이유를 찾는다면 의외로 아이 나름의 행동 원리를 쉽게 파악할 수 있다. 그것은 동물도 마찬가지다. 고양이에게는 고양이의 행동 원리가 있고, 개에게는 개의 행동 원리가 있다. 똑같은 개라도 개체가 다르면 성향이 다르고 습관이 다르다. 그 점을 이해하고 대하느냐 아니나에 따라 관계 형성에도 차이가 난다.

이것은 국가 간의 관계에도 적용된다. 좋고 싫음이 아니라 상대를 이해하는 것부터 시작되는 관계, 이해력이 밑받침된 관계는 친밀해질 때까지 일정한 시간이 필요하지만 그만큼 쉽게 깨지지 않는다.

과학이란? 과학적이란?

새로 들어간 회사의 대우가 너무 나빠 심신이 피폐해진 채로 친구에게 회사를 그만두겠다고 하자 '차가운 돌에도 3년간 앉아 있으면 따뜻해진다'(어려워도 참고 견디면 반드시 성공한다는 의미)는 속담만 돌아왔다. '이 사람뿐'이라고 생각할 만큼 좋아하는 사람이 알고 보니 유부남이었다는 고민을 친구에게 털어놓았더니 '불륜은 나쁘다'는 말로 끝내버렸다—비슷한 상황을 알거나 겪어봤을 것이다.

일반론이 일반론으로서 통용되는 것은 그 논리가 나름의 보편성을 갖기 때문이다. 그래서 일반론을 내세우면 언뜻 지성적으로 보인다. 그러나 모든 문제에 일률적으로 일반론을 적용하려는 사람 중에 진짜 지성적인 사람은 없다. 인생의 어딘가에서 '멈춰버린 사람'이라는 표현도 가능하다.

　지성이 있다면 보편적인 원리도 개별적이고 구체적인 상황에 적용해 유연하게 이해하고 판단해야 한다.

　단, 어떤 일을 겪을 때마다 그것의 고유한 면, 구체적인 요소에만 초점을 맞추는 것도 주먹구구식 대처다. 언뜻 서로 전혀 관계없어 보이는 일들도 눈을 크게 뜨고 보면 A와 B 사이에 공통하는 규칙이 있고 법칙이 존재할 수 있다.

　과학이란, 이렇게 전혀 관계성이 없어 보이는 현상들이 실제로는 공통된 법칙에 지배되고 있음을 밝히는 학문이다. 가설을 세우고 관찰하고 검증해서 그 가설을 증명하는 일련의 작업이다.

'과학적이다'라는 것은 세상에서 일반론으로 정착된 것도 일단 의심하고, 또한 일반론에 반하는 것도 가설을 세워 실제로 관찰과 실험을 통해 검증하는 태도와 정신을 뜻한다.

17세기의 천문학자 갈릴레오 갈릴레이가 '근대과학의 아버지'로 불리는 것은 그가 이 정신을 구현했기 때문이다. 갈릴레이보다 1500년 앞서 태어난 철학자 아리스토텔레스는 엄청난 지성의 소유자였지만 사색에 탐닉한 결과, '무거운 물체와 가벼운 물체를 동시에 떨어뜨리면 무거운 쪽이 먼저 떨어진다'고 검증도 없이 믿어버렸다.

갈릴레이가 피사의 사탑에서 크고 작은 두 개의 쇠구슬을 떨어뜨려 자유낙하하는 물체의 속도는 질량에 좌우되지 않는다, 즉 무거운 것도 가벼운 것도 동시에 떨어진다는 것을 증명하기 전까지 이 오해를 수정하는 사람은 나타나지 않았다.

실제로는 피사의 사탑이 아니라 경사면에 굴려서 실험했다고 하는데 원리는 같다. 미국의 유인우주선 아폴로 15호의 스콧 선장은

1971년에, 중력이 지구의 6분의 1인 달 표면에서 망치와 깃털을 낙하시켜 둘이 동시에 떨어지는 것을 증명해 보였다. 이 실험 정신이 과학이다.

지성은 타인의 비판을 감수한다

20세기에 활동한 영국의 철학자 칼 포퍼는 과학과 비(非)과학을 가르는 경계는 '반증 가능성'이라고 규정했다.

하나의 가설이 제기되었을 경우 그 가설에 대한 반증이 유효하다면 가설은 틀린 것이 된다. 반증할 수 없거나, 반증했어도 오히려 반증이 잘못되었다면 그 가설은 부정할 수 없게 된다.

따라서 타인의 반증으로 부정당할 가능성을 막아버리면 그것은 과학이 될 수 없다. "당신의 가설은 틀렸다", "당신의 말에는 모순이 있다"고 지적받아도 화내지 않고 달갑게 수용할 수 있는 떳떳함이 있어야 한다.

이는 일상의 토론에서도 마찬가지다. 자신과 생각이 다른 상대와 의견을 나누면서 '저런 식으로 볼 수도 있구나' 하고 깨닫고, '전부 찬성할 수는 없지만 이 부분은 수긍이 간다'라는 생각을 한다면, 지금까지 A라고 믿었던 자신의 입장이 사실은 B에 가까운 A´ 입장이었다는 것을 알 수도 있다.

대립하는 두 사람이 토론을 통해 서로의 입장을 미묘하게 변화시킨다면, 이는 지성주의에서 지극히 자연스러운 일이다. 지성에는 그런 변증법적 효과가 있다.

그러나 현실 사회에서는 대학 교수처럼 지성을 갖췄다는 사람도 토론 전후에 쌍방의 사고에 전혀 변화가 없는 경우가 있다. 그런 경우에 과연 그것을 토론이라고 할 수 있을지 의심스럽다.

지성의 단련에는 롤모델이 필요하다

지성을 터득하고 단련하는 과정에 정해진 방법은 없다. 청년의 경우는 학교 공부를 열심히 하면 크게 도움은 될 것이다.

특히 수학은 논리력을 키우는 과목이어서 효과적이다. 실제로 데카르트를 비롯해 많은 위대한 철학자들이 수학을 무기 삼아 철학의 난제와 씨름했다.

물론 수학을 잘한다고 지성이 있다고는 할 수 없다. 우리가 인생에서 직면하거나 인류가 해결해야 할 생생한 현실과 수학 사이에는 상당한 거리가 있다. 수학을 통해 논리력을 단련하고 난해한 논리 문제를 풀 수는 있어도 인생의 현실적 과제에는 전혀 대응할 수 없다는 사람도 있다.

고등학교 사회 교과서를 통째로 암기했다고 국제정치 문제를 해결할 수 있는 것도 아니다. 수준을 몇 단계 올려 육법전서와 국제법을 전부 외운다고 해도 마찬가지다. 공부로 습득한 지식은 분명 지성에 유효한 요소로서 포함되지만, 그렇다고 그 자체가 살아 있는 지성이 되기에는 부족하다.

지성을 습득하는 데 무엇이 최선인가를 생각한다면, 역시 실존 인물, 즉 어려운 시대에 지성이라는 무기로 최선을 다해 살아간 사람들의 삶을 실마리 삼아, 그들의 사고와 사상을 참고해볼 수 있다.

지성의 중요성을 충분히 이해하고 자신의 지성을 높이기 위해 고생과 시행착오를 경험하는 것.

그런 어려운 과제를 해결하기 위한 무기로써 지성을 실제로 다룬 사람을 롤모델(표본)로 설정해 그들이 남긴 책을 통해 그 사고 과정을 추체험(追體驗)하는 것이다.

다른 사람의 체험을 자기의 체험처럼 느껴보는, 이 추체험의 재현도를 높임으로써 우리 자신이 어려움에 처했을 때 '그 사람이라면 이렇게 행동하지 않았을까' 하고 자연스럽게 생각할 수 있다.

또 그 모델이 강건한 지성의 소유자일수록 우리 지성의 골격도 단단해진다.

'이 인물이야말로 지성의 귀감'이라고 생각되는 인물을 정해 그 생활방식, 사고방식을 완전히 모방하고 싶은 사람도 있을 것이다. 그것도 한 방법이다.

단, 그 인물이 너무 옛날 사람이면 어려운 면도 있다. 예를 들어 부처는 세계 역사상 굴지의 지성의 소유자이지만 2500년 전에 그가 실제로 무엇을 생각했는지는 완전히 파악하기 어렵다. 부처의 제자들이 후세에 남긴 내용을 넘어 부처의 사상에 다가가기란 어렵다.

본보기로 삼을 인물은 상상 가능한 범위 안에 있는 사람일 필요가 있다.

자신의 기질과 생활방식에 맞는 모델을 선택한다

여기서 주의할 점이 있다.

본보기로 삼는 인물의 지성은 그의 사고를 추체험하는 것으로 어느 정도 공유할 수 있다. 그러나 지성은 어떤 일이든 일방적으로 단정하지 않고 계속 추구하는 태도이며, 지속적 사고에는 지적인 체력이 요구되므로 각자의 생활방식이 영향을 미친다. 생활방식은 개인의 선천적 기질에 좌우되기도 해서 바꾸려 해도 쉽게 바꿀 수 없다.

즉 우리가 가진 선천적 기질에 의해 지성의 모습도 약간은 달라질수 있다는 것이다.

또한 아무리 훌륭하고 공감을 얻는 인물이라 해도 현대의 시점에서 롤모델로 삼기에는 무리가 있을 수 있다. 예를 들어 요시다 쇼인은 현대에도 통용되는 위대한 교육자이고, 나도 매우 좋아하는 인물이지만 쇼인의 생활 방식을 100퍼센트 이어받으려고 한다면 상당히 많은 제약을 각오해야 한다.

　어쨌든 그는 시대의 권력자인 막부(12~19세기에 걸쳐 일본을 통치했던 쇼군의 정부) 요인의 암살을 계획했고, 법정에 끌려나왔을 때는 그 계획의 존재를 묻지도 않았는데 스스로 당당히 자백해 서른 살의 젊은 나이에 처형되었다.

　만일 쇼인 같은 인물을 본보기로 삼는다면 교육자와 행동가로서의 모습은 따라 한다 해도 괴상하리만큼 색달랐던 순수함은 어디까지 받아들여야 할지 신중히 판단해야 한다. 이런 점을 따로 떼어 생각하기 어렵다면 현대인의 모델로 삼기에는 어렵다.

　따라서 롤모델을 선택할 때는 자신의 기질과 맞는 정도를 고려해 자신의 골격이 될 만한 사람을 선택해야 한다. 이때 무리해서 한 명으로 압축하기보다는 몇 명을 조합하는 것이 좋다.

　가장 귀감으로 삼고 싶은 인물을 70퍼센트의 목표로 정하고 나머지 30퍼센트는 다른 모델의 요소를 더할 수 있다. 또는 일률적으로

25퍼센트씩 네 명의 요소를 자신의 지성에 맞는 모델로 삼는 방식을 취할 수도 있다.

이 책에서는 근대 일본에서 대표적인 지성의 소유자로 알려진 인물들을 소개할 것이다. 이들 중에서 기질적으로 합치하는 사람을 발견할 수도 있을 것이다. 한마디로 '지성의 유형'이라 생각하면 된다.

소개하는 다섯 가지 지성의 모습에서 적절히 골라내어 앞으로의 인생에서 추구할 지성의 방식—야구에 빗대면 투수의 투구 폼—을 완성하기 바란다. 그것이 저자로서의 바람이다.

2장 변화를 두려워하지 않는 **지성**

3장 신체에 깃드는 **지성**

4장   자아를 해방시키는 **지성**

5장   탐구하는 사람이 깨닫는 **지성**

1장 철저히 고민하여 단련하는
지성

나쓰메 소세키에게 배우다

지성은 '고민할 수 있는 힘'이다.

우리의 고민거리는 보통 인간관계나 건강, 경제적 사정 등, 주로 개인의 삶과 생활에서 생겨나는 일이 대상이 된다.

그런데 드물게 이런 고민뿐만 아니라 국가 규모의 문제나 인류 전체의 과제를 자신의 문제로 인식해 진지하게 걱정하는 사람이 있다. 이런 고민은 스케일이 큰 문제의 본질을 이해할 수 있어야만 생길 수 있다. 그런 고민을 품은 시점에서 그 사람의 지성이 단련되는 것일지도 모른다.

백 년 전 일본에도 국가를 자신과 동일시하여 일본의 숙명을 자신의 숙명으로 인식해 철저히 고민했던 지식인이 있었다. 바로 소설가 나쓰메 소세키(1867~1916)이다.

일본에 처음으로 근대적 소설이 생겨난 메이지시대(1868~1912) 초기부터 현대까지 그만큼 인기를 얻은 작가는 없다. 반면에 그는 절대 완벽한 사람이 아니었다. 영국 유학 중에는 신경쇠약에 걸리기도 했다. 그의 신경쇠약 증상은 말년에도 나타난다.

대표작 《마음》을 발표한 1914년 무렵의 일기를 읽으면 집안일을 하는 하녀가 그의 아내 교코와 짜고 어금니 쪽으로 바람을 넣어 '히- 히-' 소리를 내어 자신을 괴롭혔다는 내용도 나온다.

어부의 딸이라는 하녀는 어금니에 음식물이 낀 듯 쉬지 않고 입 안에 바람을 넣어 히- 히- 소리를 내는 버릇이 있다. 처음에는 버릇이겠거니 했는데 너무 심해서 이건 고의로 하는 짓이구나 하고 생각했다.

전차 안에서 하녀와 똑같이 어금니에 바람을 넣어 소리를 내는 사람이 있었다. 나도 소리를 냈다. 그렇게 하니 그도 소리 내는 것을 멈췄다.

지금도 우리 집 하녀는 '히- 히-' 소리 내는 것을 멈추지 않고, 게다가 아내가 없는 때를 골라서 더 많이 한다. 이것은 아내의 명령이라고도 해석할 수 있고, 또 아내가 없기 때문에 거리낄 필요 없다는 의미로도 해석할 수 있다.

이런 내용을 보면, 이미 신경과민을 넘어 일종의 피해망상에 빠져 있었던 것일지도 모른다. 단, 소세키의 이런 약점만 골라 왈가왈부해서는 의미가 없다. 그가 신경쇠약에 걸린 원인은 그가 짊어졌던 것이 무엇인지 모르면 이해할 수 없다. (그것은 이미 말한 근대 일본인의 운명에 대한 문제이다.) 소세키는 그것을 과하다 싶을 만큼 성실하게 짊어졌던 것이다.

자신을 잃어버릴 것 같은 상황에 처하다

소세키가 짊어졌던 것은 무엇이었을까? 1911년 8월에 와카야마현에서 이루어진 그의 강연을 채록한 강연록 《현대 일본의 개화》에서 찾을 수 있다. 여기서 소세키는 메이지 일본에서 일어난 (문명)개화가 서양제국에서 일어난 '일반적 개화'와 비교해 어떻게 다른지에 대한 이야기부터 시작한다.

일부를 인용하자. 또한 이 강연이 있었던 1911년은 소세키가 《산시로(三四郎)》, 《그 후(それから)》, 《문(門)》으로 이어지는, 그의 작가 생활 전기(前期)를 대표하는 '전기 3부작'의 발표를 마친 해다.

그러므로 현대 일본의 개화는 앞에서 말한 일반적 개화와 어떻게 다른가 하는 것이 문제입니다. 만일 한마디로 이 문제를 짚는다면 나는 이렇게 단정하고 싶습니다. 서양의 개화(즉 일반적 개화)는 내발적(內發的)이고 일본 현대의 개화는 외발적(外發的)이라는 것입니다. 여기에서 내발적이라는 말의 뜻은 내부에서 자연스럽게 나와 발전하다는 의미로 마치 꽃이 피듯 저절로 봉오리가 터져 꽃잎이 밖으로 향하는 상태를 말하고, 외발적이라는 말은 외부에서 덮은 다른 힘에 의해 어쩔 수 없이 일종의 형식을 취하는 상태를 말합니다.

일본 현대의 개화를 지배하고 있는 물결은 서양의 조류로서, 그 물결을 건너는 일본인은 서양인이 아니기 때문에 새로운 물결이 다가올 때마다 자신이 그 가운데에서 식객처럼 부자연스러운 듯한 기분이 들게 됩니다.

소세키가 살았던 문명개화의 시대에 세계의 패권은 서양의 열강 제국이 완전히 장악했다. 경제며 과학기술, 문화 등 모든 것이 서양 중심으로 발전했다. 거기에 끼어들려면 일본인은 압박감을 느낄 수밖에 없다고 소세키는 말한다.

그런 국제 상황에서도 문화사회의 일원이 되려면 '현대 일본의 개화는 피상적인, 수박 겉핥기식의 개화'라는 것을 알고 '눈물을 삼키며 피상적으로 흘러갈 수밖에 없다.' 즉 '자신들은 진정한 문명국이 아니다'라는 사실을 참고 견디면서 그래도 표면상으로는 그런 것을 신경 쓰지 않는 척하며 지내야 한다는 말이다.

소세키의 말처럼 일본의 근대화가 외발적, 즉 외압을 계기로 어쩔 수 없이 추진되었다는 것은 부정할 수 없으며 그런 자연스럽지 않은 근대화를 추진했다면 사회 곳곳에 왜곡이 생기는 것도 당연했다.

그러나 당시의 일본은 하루라도 빨리 열강을 따라가지 않으면 나라가 망한다고 생각할 정도로 위기감이 컸다. 서양의 사회제도와 기술, 문화, 예술에 이르기까지 무턱대고 따라 하는 원숭이라 불릴 만큼 필사적으로 따라 하는 것 말고는 방법이 없었다. 그러나 매우 고통스럽고 특히 지식인에게는 견디기 어려운 아픔이 동반된다는 것을 소세키는 잘 알았다.

일본으로 밀려드는 서양의 커다란 조류는 절대로 반대 방향으로 흐르지 않으며, 그 파도에 노출되면 일본이라는 국가와 일본인은 앞으로 스스로를 잃게 될 것이 분명했다. 그 안에서 '흘러가지 않는' 즉, 자기동일성을 유지하려 한다면 신경쇠약에 걸릴 수밖에 없다고 그는 말했다.

조금 차분히 생각해본다면, 대학 교수직을 10년간 열심히 해온 사람이라면 대부분 신경쇠약에 걸리는 게 당연하지 않을까요?

용납할 수 없다며 끝까지 버티다 신경쇠약에 걸리고 만다면, 일본인은 가엾은 처지, 곧 불쌍하다고밖에 표현할 수 없는 그런 언어도단의 궁지에 빠지는 것입니다.

이에 대해 소세키는 "나에게는 명안도 아무것도 없습니다. 다만 '가능하면 신경쇠약에 걸리지 않을 정도로 내발적으로 변화해가는 것이 좋으리라' 정도의 형식적인 말을 할 수밖에 없습니다"라고도 말했다. 그러나 청중에게 그렇게 말하는 소세키 자신은 이미 신경쇠약이 상당히 악화된 상태였다.

물론 실제로 메이지부터 다이쇼시대(1912~1926)에 걸쳐 모든 일본인이 신경쇠약에 걸리지는 않았다.

소세키가 염려했던 조류에 대해 '그렇다면 우리도 서양식 생활을 하면 된다'고 뻣뻣하게 나오는 사람도 있었고, 반대로 '세상이 아무리 서양식으로 변해도 자신은 일본식으로 한다'고 옹고집을 부리는 사람도 있었을 것이다. 이처럼 어느 한쪽을 쉽게 선택하는 사람이라면 복잡한 현실을 보지 않는 만큼 신경쇠약에 걸릴 일은 없었을 것이다.

그러나 소세키는 그런 단순한 생각을 갖기에는 너무 지성적이었고, 또한 현실이 너무나 또렷이 보였다. 그는 '현대 일본의 개화' 강연을 매우 미안한 듯 이렇게 마무리한다.

괴로운 진실을 여러분 앞에 염치없이 죄다 털어놓고, 행복한 여러분에게 설령 한 시간이라도 불쾌한 상념을 드린 점은 정중히 사과합니다. 그렇지만 내가 말한 부분도 상당한 논거와 응분의 사색을 거쳐 나온 진실로 진지한 의견이라는 점을 동정하시어 좋지 않은 점은 너그럽게 봐주시기 바랍니다.

약자의 입장을 열등감으로 받아들이다

자신이 사는 시대의 숙명을 온몸으로 짊어지고 깊이 고뇌한다. 소세키의 정신에 이런 경향이 분명하게 나타난 것은 33세 때 런던에

서 영어 교육법 연구를 하라는 문부성의 지시로 유학을 떠난 1900
년 10월 이후라고 생각한다.

메이지시대의 국비 유학생이라고 하면, 그들의 연구 성과에 따라
자국 근대화가 10년 빠르게 이루어질 수도 있고 반대로 20년 정체될
수도 있는, 책임이 무거운 입장이었다. 엘리트라 해서 무조건 좋은
것만도 아니고 오히려 엘리트이기 때문에 보통 이상의 압박과 싸워
야 했다.

소세키가 영국 유학 중 쓴 일기에서 그가 느꼈던 중압감을 엿볼
수 있다.

일본은 30년 전에 잠에서 깨어났다고 말한다. 그렇기는 하지만 경종
소리에 황급히 일어난 것이다. 그 각성은 진짜 각성이 아니다. 허둥대
며 일어나 단지 서양으로부터 흡수하기 바빠 소화할 여유가 없다. 문
학도 정치도 상업도 전부 그렇다. 일본은 진짜 잠에서 깨지 않으면 안
된다. (1901년 3월 16일)

영국인은 스스로 천하제일의 강국이라고 생각한다. 프랑스인도 천하
제일의 강국이라고 생각한다. 독일인도 그렇게 생각한다. 그들은 과거
의 역사라는 것을 잊고 있는 모양이다. 로마는 망했다. 그리스도 망했
다. 지금의 영국, 프랑스, 독일은 망할 날이 없을 것인가.
과거 일본은 비교적 만족할 만한 역사를 가지고 있었다. 현재 역시 비

교적 만족할 만하다. 미래는 어떠해야 할 것인가.

스스로 자만에 빠지지 말라. 스스로 포기하지도 말라. 소와 같이 묵묵할지어다. 닭처럼 부지런할지어다. 헛되이 큰소리치지 말라. 진실되게 생각하라. 성실하게 말하라. 진지하게 행하라.

네가 지금 뿌리는 씨앗은 머지않아 네가 거두어야 할 미래가 되어 나타날지니. (1901년 3월 21일)

반면에 소세키는 일본에서는 엘리트인 자신이 영국 사회에서는 일본인이라는 이유만으로 가볍게 보이는 상황을 유학 중 여러 번 경험했다. 그런 영향이 있어서인지 그는 당시 국제 사회에서 약한 일본의 입장을 자신의 열등감으로 받아들였다.

일기 속, 한 가정의 홈파티에 초대받았던 때의 대목에는 당시의 열등감이 적잖이 반영되어 있다. 같은 국비 유학생이지만 유학지인 독일에서 지극히 스마트하게 행동하며 독일인 여성과 낭만적인 사랑을 했던 모리 오가이와는 대조적이다.

외국인, 그것도 일본인을 한 번도 만난 적이 없는데 'at home'에 부르다니, 세상 물정에 어두운 사람이라고 생각했지만 그도 어쩔 수 없이 의리로 불렀을 것이다. 그래서 나도 의리로 갔다.

차를 내오고, 형식적인 말을 두세 마디 한다. 그 사이에 남편이 나왔다. 백발의 까까머리다. 그다지 좋은 사람 같지는 않다. 부인은 좋은 얼굴을 하고 있다. 바른 영어를 사용한다. 서둘러 돌아왔다. 완전히 시간 때우기다. 서양사회는 어리석다. 이런 답답한 사회를 대체 누가 만들었을까. (1901년 2월 21일)

머지않아 소세키는 학교 강의도 빠지고 하숙방에서 영어로 된 책만 읽었고 결국에는 정신에 변조를 일으키게 된다.

요즘에는 매우 불쾌하다. 별것 아닌 일이 신경 쓰인다. 신경증이 의심된다. 반면에 상당히 넉살 좋을 때가 있다. 묘하다. (1901년 7월 1일)

1902년에는 외무성 앞으로 '나쓰메 발광하다'는 전보까지 날아왔을 정도다.

고민 끝에 스스로 찾다

이때의 심경에 대해서 소세키는《나의 개인주의》라는 강연록에서 자세히 말한다.

소세키는 제국대학(후에 동경제국대학)에서 영국 문학가 제임스 메인 딕슨에게 영문학을 배웠는데, 그의 지도는 소세키를 만족시키지 못했다. '문학이란 무엇인가' 하는 그의 근원적인 의문에 답해주지 못했기 때문이다.

나는 대학에서 영문학을 전공했습니다. 영문학이라는 학문은 어떤 것인가 하고 질문한다면 그것을 3년 동안 전공한 나도 뭐가 뭔지 몰랐습니다. 그 무렵에는 제임스 메인 딕슨이라는 사람이 교수였습니다. 나는 그 선생님 앞에서 시를 읽거나 문장을 읽고, 작문을 하면 관사가 빠졌다고 야단을 맞기도 하며 발음이 틀렸다고 호통을 듣기도 했습니다.

시험에는 워즈워스는 몇 년에 태어나서 몇 년에 죽었는가, 셰익스피어의 폴리오는 몇 가지가 있는가, 또는 스콧이 쓴 작품을 연대순으로 열거해보라, 같은 문제만 나왔습니다. 젊은 여러분도 대강 상상할 수 있을 거예요. 과연 이것이 영문학인지 다른 무엇인지 말이죠.

영문학은 잠시 보류하고 우선 문학이란 무엇일까요. 이것으로는 도저히 알 수가 없습니다. 그렇다면 자력으로 규명할 수 있었을까요. 장님이 담을 엿보는 것과 같은 이치로 도서관에 들어가 아무리 헤매도 실타래는 풀리지 않았습니다.

자력이 부족했을 뿐만 아니라 그에 관한 문헌도 부족했으리라고 생각합니다. 어쨌든 3년 동안 열심히 공부했으나 문학이란 무엇인가 하는 문제는 결국 해결하지 못한 채 끝이 나고 말았습니다.

나의 번민은 무엇보다 여기에 뿌리를 두고 있다 해도 틀리지 않을 겁니다.

졸업 후에는 중학교 영어 교사가 되어 에히메, 구마모토에 부임하는데 일에 애착을 갖지 못했다. 기회만 있으면 기대와 다른 일은 이제 접고, 진짜로 심혈을 기울여야 할 '본령(本領)'에 전념하기를 원했다. 소세키는 이 세상에 태어난 이상 무언가를 이루어야 한다고 생각했다. 하지만 고민은 깊어만 갔다.

"그 본령이라는 것이 있는 것 같기도 하고 없는 것 같기도 하니, 어디를 향해서도 결단을 하고 날아갈 수 없다."

국비 유학생은 무거운 책임을 느낄 수밖에 없다. 소세키는 런던 유학 중에 필사적으로 '무언가'를 모색하려 했지만 여전히 불안을 안고 있었다.

나는 이런 불안을 품은 채 대학을 졸업하고, 같은 불안을 이끌고 마쓰야마에서 구마모토까지 옮겨 다녔고, 또한 같은 불안을 가슴 밑바닥에 쌓아둔 채 마침내 외국까지 건너갔던 것입니다. 그러나 일단 외국에 유학한 이상 어느 정도의 책임을 새로 자각하지 않을 수 없었습니다.

그래서 나는 뼈를 깎는 노력을 기울여 무엇인가를 하려고 했습니다. 그러나 어떤 책을 읽어도 여전히 나는 자루 속에서 나올 수 없었습니다. 이 자루를 찢을 송곳을 온 런던을 돌며 찾아도 발견할 수 없을 것 같았습니다.

나는 하숙집의 한 칸 방에서 생각해보았습니다. 아무리 해도 소용없다는 생각이 들었습니다. 아무리 책을 읽어도 마음을 채울 수 없어 체념하게 되었습니다. 동시에 무엇을 위해 책을 읽는지 나 자신에게도 그 의미를 설명할 수 없게 되고 말았습니다.

그러나 소세키는 이 런던 하숙방에서 번민했고 이후의 인생을 결정짓는 중대한 자각을 하게 된다.

바로 그때 비로소 문학이란 무엇인가 하는 개념을 근본부터 그리고 자력으로 만드는 방법 말고는 나를 구할 길이 없다고 자각하게 되었습니다. 지금까지는 완전히 타인 본위여서 근본 없는 부평초처럼 그 근처를 되는 대로 표류하고 있었고 그러니 소용이 없었다는 사실을 깨달았습니다.

'문학이란 무엇인가'를 끊임없이 생각하고 영국의 하숙방에서 영문학 원서를 읽으며 해답을 찾았지만 결국 발견하지 못했다. (앞서 말했듯이 유학의 목적은 영어 교육법 연구였는데 소세키는 도중에 대학 청강도 그만두었다.) 좁고 어두컴컴한 하숙방에 틀어박혀 있던 그는 자신의 물음이 잘못되었음을 깨닫는다.

즉, 서양이 아니라 자신을 근거로 삼아 자신의 머리로 '문학이란 무엇인가'를 생각해야 한다는 것을 깨달았다. 생각이 여기까지 미친 소세키는 당시의 심경을 다음과 같이 썼다.

그때 나의 불안은 완전히 사라졌습니다. 나는 경쾌한 마음을 가지고 음울한 런던을 바라보았습니다. 비유해서 말하면 나는 오랫동안 고뇌한 결과, 간신히 나 자신의 곡괭이로 광맥에 묻힌 것을 찾아 파낼 수 있게 된 것이었습니다.

'고민하는 방법'의 모델이 되다

이때 소세키가 도달한, 이후에 '자기본위' 혹은 '개인주의'라 이름 붙인 경지는 워즈워스와 키츠, 셰익스피어 같은 영국의 대시인이나 대작가가 아무리 위대하다 해도 그들을 흉내 내거나 그 작품을 비평·분석해 충족하는 것이 아닌 나쓰메 긴노스케(나쓰메 소세키의 본명)라는 한 일본인의 생각에 충실하겠다는 각오였다.

동시에 그는 자기 손으로 독자적인 문학을 확립해야 한다는 결심도 굳힌다. 이때의 경험이 없었다면 직업 작가로서의 나쓰메 소세키는 탄생하지 못했을지도 모른다.

단, 소세키는 자기본위라는 경지에 이른 후에도 영문학 공부는 포기하지 않았다. 오히려 방대한 영문 문헌을 읽었다. 《나는 고양이로소이다》를 집필 중이던 1905년에는 니체의 《차라투스트라는 이렇게 말했다》의 영문판과 씨름했고, 《문》을 집필하면서 위궤양으로 피를 토한 1910년 '수선사의 대환(大患)'(수선사에서 요양하던 소세키의 위병이

46

재발하면서 의식을 잃은 사건) 직후에도 영어책을 읽었을 정도다.

공부를 계속했고 서양 작가와 사상가의 책을 한 권이라도 더 많이 읽으려는 자세는 바뀌지 않았다. 그러나 이전처럼 그들의 저서를 그대로 받아들이기 위해서가 아니라 자신이 생각하고 자신의 작품을 쓰기 위한 양식으로 삼기 위해서였다.

논어에 "배우기만 하고 생각하지 않으면 어둡고, 생각하고 배우지 아니하면 위태롭다(學而不思則罔 思而不學則殆)"는 말이 있다. 읽는 것이 '배움'이라면 '생각'은 자신의 머리로 고민하는 것이다.

생각만 할 뿐 배움이 부족하면 자기중심적인 편협한 사고에 빠질 수 있다. 하지만 배움과 생각 두 가지를 양쪽 바퀴로 삼아서 나아가면 그럴 일은 없다. 소세키는 그 교훈을 평생에 걸쳐 실천했다.

'자신의 다리로 서자'라는 깨달음을 실천한 소세키의 모습은 개인이 국가와 세계라는 거대한 주제를 고민할 때 좋은 모델이 된다. 그의 고뇌는 소세키라는 한 인간의 틀을 뛰어넘어 근대 일본에게도 중요한 실험이었기 때문이다.

왜 구원의 결말을 쓰지 않았을까?

소세키가 고뇌를 거듭한 결과 다다른 '자기본위'는 정답이라기보다 하나의 방법론이고 각오였다. 이는 어떤 의미에서 소세키의 작가성을 상징한다. 소세키의 작품에는 명확한 답이 제시되지 않기 때문이다.

원래 소설의 존재 의의는 작가가 문제의식을 품은 주제에 대해 독자 역시 문제의식을 가질 수 있게 된다는 데 있다. 신문기사처럼 한 가지 사실의 전달을 목적으로 쓰인 문장의 경우 독자가 '해석'할 여지는 없다. 그러나 소설은 뛰어난 작품일수록 설정된 문제가 무엇인지 정확히 보여주지 않는다. 당연히 답을 제시해버리면 그것은 소설이라고 할 수 없다.

뛰어난 소설은 하나의 현실처럼 움직이는 힘을 지니며, 동시에 독자가 여러 가지를 포착해 자신의 문제로 생각할 수 있는 다양성과 여백을 갖춘다. 소세키의 작품은 절대로 이해하기 어려운 문장을 보이지 않는다. 문장마다 글이 품은 뜻은 명료한데, 전체를 보면 다면적이라는 특징을 가진다.

《마음》이라는 작품을 읽어도 많은 주제를 볼 수 있는 구조로 되어 있다. 이기주의와 성실, 우정과 연애, 근대적 자아, 죄와 벌, 성실하게 산다는 것은 무엇인가, 부부란 무엇인가, 사제 관계란 무언인가, 혹은 순사(죽은 주군의 뒤를 따르는 자살)의 옳고 그름, 메이지는 어떤 시대였나 등등. 이렇게 많은 주제를 내포하기 때문에 독자가 시대를 초월해 '이것은 나의 문제'라고 느낄 수 있고, 또한 같은 독자라도 몇 년이 지나 자신의 입장과 심경에 변화가 생기면 이전에 읽었을 때와는 전혀 다른 인상을 받기도 한다.

소세키의 작품이 그런 다면성을 갖는 것은 그가 '근대 일본을 사는 인간은 어떻게 살아야 할까?' 하는 큰 과제를 받아 들고 그것을 구체적인 이야기로 만들어내려 했기 때문이다. 그래서 현대에서도 다양한 주제의 소세키론(論)이 쓰이는 것이다.

전후(제2차 세계대전 후)를 대표하는 평론가인 에토 준은 학생 시절 《미타문학(三田文學)》(게이오대학 문학부를 중심으로 간행된 문학잡지)에 발표해 극찬을 받은 논문 〈나쓰메 소세키〉에 다음과 같이 썼다.

> 그러나 우리가 소세키를 위대하다고 말할 때 그것은 절대 위와 같은 이유로서가 아니다. 그는 문제를 해결하지 않았기 때문에 위대한 것이고 평생을 통해 그의 정신을 괴롭힌 문제에 충실했기 때문에 위대한 것이다.

> 그가 '명암'을 '구원'의 결말로 썼다면 그것은 막판에 자신의 문제를 포기한 것이 된다. (……) 그리고 어중간한 구원의 가능성을 몽상하기에는 소세키의 두뇌가 너무나 총명했다.

소세키의 작품은 완전히 해결이 되어 끝나는 것이 거의 없다. 《그후》, 《문》이 특히 전형적인데, 앞으로도 주인공의 인생에 많은 파란이 있으리라는 예감을 주면서 갑자기 끝난다.

해결이 되는 소설의 결말은 소세키에게 간단한 일이었을 것이다.

그러나 그래서는 문제를 포기하는 것이 된다고 생각해 굳이 반대되는 형식을 취한 것이다.

소세키가 아닌 보통의 경우라면 오랜 시간 계속된 생각에 지쳐 손쉬운 해결을 찾을 수 있다. '이제 그만하자' 하며 생각을 멈추고 일단 결론이 될 만한 해결책을 제시하고 '이것으로 하자' 하고 싶어진다. 또한 사람들로부터 '당신을 구할 수 있는 방법은 이거다' 하는 말을 듣고 싶을 수 있다.

이렇게 되면 일단 문제는 그것으로 끝난다. 종교가 구원이 되는 경우도 있다. 그러나 거대한 지성의 소유자는 크고 복잡한 문제일수록 중간에 내던지지 못하고 생각을 계속하는 숙명을 안고 있다.

반추하는 사람의 습성

종교는 문제에 둘러싸여 불안한 사람에게 의지할 곳이 되어준다. 절대적 존재인 신이 있다고 믿으면 그 절대자를 믿는 자신은 안심이 된다. 물론 신 앞에서도 자신의 삶을 묻는 키르케고르(덴마크의 철학자)처럼 신앙을 가졌어도 자신에게 엄격한 삶을 선택한 사람은 많다. 그러나 신이 없는 상태에 비하면 자신의 위치가 훨씬 명확할 것이다.

소세키의 개성은 그런 초월적 존재에 의지하는 듯하지만 결국은 의지하지 않았다는 것에 있다.《문》에서 주인공은 친구의 약혼자를 빼앗듯이 결혼한 과거 때문에 고민 끝에 선사의 문을 두드린다. 그러나 결국 선사 생활에 적응하지 못하고 고뇌에 찬 일상으로 돌아간다.

선(禪)은 좌선을 통해 무심(無心)의 경지에 이르는 것이 목적이라서 꼭 무언가를 믿어야 하는 것은 아닌데, 그런 선에도 적응하지 못하고 문 앞에서 꼼짝하지 못하는 것이 소세키의 주인공이다.

너무 잘 보이는 사람에게는 잘 보이기 때문에 겪어야 하는 고충이 있다. 진정한 지성, 즉 무언가를 전제 없이 인정해버리는 것을 금기시하고 항상 반추하는 습성을 가진 사람은 자신 안에 절대적으로 의지할 수 있는 은신처를 갖기 어렵다.

소세키 자신도 정신의 평안을 바란 결과 만년에 '칙천거사'(則天去私, 자아를 버리고 자연의 이치에 따르는 삶)라는 경지에 이른다. 이는 넓은 의미에서의 아집, 자신에 대한 집착에서 해방되려는 마음으로, 종교적 의미에서의 하늘(신)을 따르려는 상태는 아니다.

인간애와 포용력은 어디서 오는가?

소세키를 각별히 사랑하는 독자는 그를 온화하고 흔들림 없는 마음을 지닌 사람, 한없이 고뇌했던 사람으로 보고 싶을 것이다. 그러나 나는 그가 평생 고뇌를 계속했다고는 생각하지 않는다. 물론 만년에는 신경쇠약도 악화되었고 병으로 고생했지만 한 단계 높은 차원에서 사물을 보았을 것이다.

그 근거가 제자와 친구들에게 보낸 편지다. 그의 편지를 읽으면 그가 얼마나 많은 사람을 돌보았는지 알 수 있고 또한 그 성실한 태도에 놀라게 된다. 타인과 그런 관계를 형성한 사람이 고뇌만 하다가 생을 마쳤다고는 생각할 수 없다.

소세키의 마지막 수필 《유리문 안에서》에는 이런 에피소드가 등장한다.

어느 날 소세키의 팬이라는 여자가 찾아와 지금까지 살아온 자기의 슬픈 사연을 글로 써주기를 부탁한다. 그녀는 자신의 비통한 이야기를 털어놓으며 넌지시 자살을 암시하기도 하는데 그런 그녀에게 소세키는 아무 말도 하지 않는다. 그런데 그녀를 집까지 데려다주는 도중에 자연스럽게 대화하며 정확한 조언을 한다.

> 다음 길모퉁이에 이르렀을 때 여자는 "선생님께 배웅을 받으니 영광입니다" 하고 거듭 말했다. 나는 "정말로 영광이라 생각합니까?" 하고 진지하게 물었다. 여자는 간단히 "그렇습니다" 하고 분명히 대답했다. 나는 "그렇다면 죽지 말고 살아 계세요" 하고 말했다.

나는 이 짧은 문장으로도 인간으로서의 그의 크기에 감동했다.

일반적인 관점으로 보면, 소세키는 여자의 이야기에 육친처럼 친절히 대하거나 의리를 가질 필요가 없다. 현대의 인기 작가라면 이런 팬은 스토커가 될 수 있다고 우려해 처음부터 차단할지 모른다. 실제로 그렇게 해도 비난받을 이유는 없다.

그러나 소세키는 여자에게 매우 성실히 응해주었고 게다가 그녀가 흘린 별것 아닌 한마디에 예민하게 반응해 다정하게 그러나 마음을 찌르는 한마디를 건넬 수 있었다. 분명 평범한 인물의 말과 행동은 아니다.

소처럼 밀고 가며 촌스럽게 악전고투하라

이런 소세키의 자세―다양한 사람들의 고민에 대소를 따지지 않고 다가가 조언해주는 자세―는 이 여자의 경우만이 아니다.

잘 알려졌듯이 소세키에게는 많은 제자가 있었다. 소세키의 일기를 보면, 그들은 소세키가 일을 할 때도 개의치 않고 찾아와 방해했다. 그러나 소세키는 그들을 위해 '목요회(木曜會)'를 만들어 자택을 개방했고 제자들이 자유롭게 모여 토론할 수 있게 해주었다.

제자를 위해 이 정도의 시간을 내는 것은 소세키 개인에게 전혀 이익이 되지 않았을 것이고, 가족에게는 더욱 그랬을 것이다. 신경 쓰이는 일이 많았을 수밖에 없었으리라.

그러나 소세키는 이 모임을 일본을 위해, 장래의 일본을 짊어질 인재를 육성한다는 의식을 품고 꾸준히 열었다. 현대에서 '개인주의'라는 말이 '이기주의'나 '제멋대로 행동하다'는 의미로 변질되어 오해하는 경우가 많은데, 소세키의 개인주의에는 이런 이타정신과 타인을 거절하지 않는 너그러움이 있다.

소세키는 1916년 12월, 49세의 나이로 사망했다. 그해 8월 21일, 두 명의 제자—둘 다 당시 24세였던 아쿠타가와 류노스케와 구메 마사오—에게 편지를 썼다.

공부는 하고 있나. 뭔가 쓰고 있나. 자네들은 새로운 시대의 작가가 되려 하겠지. 나도 그런 시각으로 자네들을 보고 있네. 아무쪼록 훌륭한 작가가 되어주게. 그러나 무작정 서둘러서는 안 되네. 그저 소처럼, 넉살좋게 나아가는 것이 중요하네.

문단에 좀 더 기분 좋은 상쾌한 공기를 불어넣고 싶네. 그리고 사람들이 앞뒤 생각 없이 가타카나를 늘어놓는 버릇을 없애고 싶네. 이는 두 사람 모두 공감하리라 생각하네.

그리고 사흘 후 24일에 두 사람에게 또 한 통의 편지를 보낸다.

자네들의 독서량에는 감탄했네. 그것도 경멸하기 위해 읽는다니 대단하이. (놀리는 것이 아니라 칭찬일세.) 내 생각에는 군인들이 러시아에 이긴 이상, 문인들도 언제까지나 공러병(러시아를 무서워하는 병)에 걸려 새파랗게 질려 있을 필요가 없네. 나는 이 생각을 아주 오래전부터 품고 있었는데, 자네들을 꾸짖는 건 이번이 처음이니 한번은 그냥 넘어가주지. (……)

소가 되는 것은 꼭 필요한 일일세. 우리는 어떡하든 말이 되고 싶어 하지만, 소는 웬만해선 될 수 없네. 나같이 늙고 교활한 사람도, 소와 말이 교미하여 잉태한 아이 정도일 걸세. 서둘러서는 안 되네. 머리를 너무 써서는 안 되네. 참을성이 있어야 하네. 세상은 참을성 앞에 머리를 숙인다는 것을 알고 있나? 불꽃은 순간의 기억밖에 주지 않네. 힘차게, 죽을 때까지 밀고 가는 걸세. 그것뿐일세.

결코 상대를 만들어 밀면 안 되네. 상대는 계속해서 나타나게 마련일세. 그리고 우리를 고민하게 한다네. 소는 초연하게 밀고 가네. 무엇을 미느냐고 묻는다면 말해주지. 인간을 미는 것일세. 문사(文士)를 미는 것이 아닐세.

소세키는 여기서 젊은 아쿠타가와와 구메를 위해 선배 문학가로서, 인생의 스승으로서 매우 함축적인 말을 한다.

작가로서 또 한 인간으로서 당신들의 장래에는 적과 장애물이 차례로 나타날 것이다. 그러나 그것들을 말처럼 경쾌하게 달려 빠져나가지 말고 소처럼 밀어라. 촌스럽게 악전고투하라. 문학상의 문제만 상대하지 말고 인간을 상대한다는 생각으로 글을 써라. 이런 메시지를 읽을 수 있다.

물에서 빠져나오는 한 번의 숨

《마음》을 비롯해 소세키의 소설은 무시무시할 정도로 다의성과 해석의 다양성을 갖고 있다. 이런 소설을 쓰면서 그가 얼마나 에너지를 쏟아 부었을지는 감히 상상도 할 수 없다. 어떤 의미에서는 이 정도의 소설을 쓰고도 정신이 멀쩡하다면 오히려 이상한 것이 아닐까.

그렇다고 우리 같은 평범한 인간이 소세키에 비해 편하게 사는 것도 아니다. 현대에서는 평범하게 회사에 다니는 데도 육체적, 정신적으로 상당한 강인함이 필요하다. 20, 30대는 다방면에서 자신의 능력 이상을 요구하기 때문에 힘들다고 하는 사람이 많을 것이다.

그러나 물에 빠져 죽을 것 같은 상황에서도 숨 한 번 쉴 수 있는 발판이 자신 안에 있으면 거기서 숨을 가다듬고 페이스를 되찾을 수 있다. 당신이 소세키로부터 그런 발판을 갖기 위한 방법론을 배우면 좋겠다.

그에 대한 단서가 될 수 있는 것이 소세키가 1911년 효고 현 아카시에서 했던 강연을 엮은 《도락과 직업》이라는 강연록이다. 여기서 그는 직업이란 기본적으로 전부 '타인본위'로 이루어진다고 말한다.

즉 인간이 일하는 이유는, 혼자서는 자급자족할 수 없는 물건과 서비스를 구입할 자금을 얻기 위해 타인보다 뛰어난 무언가를 돈으로 바꾸기 위해서다. 그리고 직업이 타인본위인 이상 어떤 직업을 선택해도 돈을 주는 사람의 요구에 따라 '자신을 굽히는 것'은 어쩔 수 없

이 생기는 일이다.

예를 들어 신문의 경우, 기자 본인은 품위 있는 글을 쓰고 싶어도 독자를 기쁘게 하기 위해서라면 다소 가벼운 글도 써야 한다. 그 외 업종에서도 본래 자신의 도덕관념이라면 양심의 가책을 느끼는 일에 몰릴 수도 있고, 무지한 척해야 할 수도 있다. 불의와 몰인정한 탐욕스러운 짓을 할 때도 있을 것이라고 소세키는 말한다.

직업에는 어쩔 수 없이 타인에게 제공하는 서비스라는 측면이 있다. 오늘날에 읽어도 맞는 말이라고 고개가 끄덕여지는 지적이다.

반면에 소세키는 절대 타인본위가 될 수 없는, '자기본위'가 아니면 성립하지 않는 직업도 세상에 존재하는데 바로 과학자와 철학자, 예술가라고 말한다. 그들에게 일은 예외적으로 '도락적'이므로 운이 좋으면 물질적 보상을 받는 경우도 있지만 반드시 그런 것은 아니어서 경제적으로 어려운 경우가 있어도 받아들이는 수밖에 없다. 그리고 소세키 자신이 선택한 문학가라는 직업 역시 그런 도락적 범위에 들어가는 일이다……. 이것이 이 강연에서 소세키가 말한 내용이다.

철학자도 예술가도 아닌 우리는 성실히 일했는데 물질적으로 전혀 보상받지 못하면 살아가기가 어렵다. '굶어 죽어도 원망하지 않는다'고 말할 수 없는 삶이다.

하지만 나는 소세키가 말하는 자기본위의 요소는 꼭 예술가나 철학자처럼 특수한 직업에만 있지 않다고 생각한다. 어떤 직업도 100퍼센트 타인을 위해 일하는 경우는 없다. 부분적으로는 도락이라고 생각할 수 있기 때문에 일할 수 있는 것이다.

나도 그런 자세로 일하는 사람을 만날 때가 있다. 대학에서 몇 십 년간 교원양성과정 강의를 하다 보니 많은 제자들이 학교 선생님으로 교단에서 활동하는데, 대학을 졸업하고 10년 후, 20년 후 그들을 만나면 "이렇게 재미있는 일이 직업이라서 좋아요"라는 말을 자주 듣는다.

그런데 요즘 선생님의 일이 그렇게 즐겁고 재미난 것만은 아닐 거라 싶어서 그들의 업무 일과를 자세히 물어보니 객관적으로 누구나 그렇게 생각할 수 있는 환경은 아니었다. 어쨌든 아침 7시 전에 출근해 밤 9시가 넘을 때까지 일하고, 주말에도 학생들의 특별활동을 지도하기 때문에 업무가 과도하다고 할 수 있다.

그런데도 "즐겁다", "천직이다" 하고 말하는 그에게 "자네 동료도 모두 그런가?" 하고 묻자 "아뇨, 그건……. 제 옆의 선생님은 우울증으로 오래 쉬고 있어요" 하며 살짝 당황했다.

일 속에서 자기본위를 확보한다

이 이야기는 두 가지 교훈을 갖고 있다. 똑같은 일도 사람에 따라서 도락적 직업으로 느낄 수 있고, 반대로 전혀 그렇지 않을 수 있다는 것이다. (소세키도 학교 교사라는 일을 싫어했다.)

또 하나는 타인을 위해 하는 일반적인 일, 그것도 상당히 힘든 일이라도 그 안에 10에서 20퍼센트 정도 자기본위 의식, 즉 다른 누가 아닌 자신을 위해 한다는 의식이 있다면 그것이 '숨을 쉬기 위한 발판'이 된다. 그러면 경우에 따라서는 일 자체를 도락적인 요소로 메울 가능성도 있다.

일하는 사람 본인이 아무리 타인본위로 일한다고 해도 어딘가에는 자기본위 요소가 있다. 오히려 타인본위로 일할수록 자기본위로 변하는 순간이 많이 찾아올 수도 있다.

예를 들어 영업이라는 일은 기본적으로는 고객본위라서 자기본위가 될 여지는 전혀 없어 보이지만 상담이든 고객 지원이든 진지하게 하다 보면 고객과 마음이 통한다고 느끼는 순간도 있을 것이다. (오히려 상담은 그런 신뢰관계를 느낄 때 좋은 결과로 이어지지 않을까?)

또는 자기 나름의 업무 방식, 스타일을 발견하는 기쁨, 그 스타일을 충실히 실천해 결과를 냈을 때의 기쁨도 다분히 자기본위적이고 도락적인 요소일 것이다. 소세키가 《나의 개인주의》에서 말했듯이 '곡괭이가 광맥에 닿은 순간'에 가깝다고도 할 수 있다.

일에서 얻는 기본적인 성과와는 다르게 자신만이 느낄 수 있는 기쁨이 조금이라도 있다면, 그것을 의식하느냐 의식하지 않느냐에 따라 일할 때의 정신적 부담에는 차이가 난다.

생각해보면 소세키가 런던의 하숙방에서 발견한 자기본위의 경지

도, 서양이라는 거대한 조류에 삼켜져서는 안 된다는 자신의 사명을
성실히 수행하기 위한 '정신의 완충지대'였다.

고민하지만 혼란에 빠지지 않고
물음 앞에서 도망치지 않는다

소세키의 개인주의와 현대인의 '개인주의' 사이에는 결정적 차이
가 있다. 그것은 고민하는 대상이다. '개인주의'를 자연스러운 삶의
방식으로 여기는 현대인에게 주된 고민은 자기 문제다. 현대인들은
자기 문제에 고민의 에너지를 쏟아 붓는다.

소세키가 우선적으로 고민한 대상은 근대 일본의 운명과 일본인
의 삶의 방식이었다. 또한 제자와 친구, 간청하는 생면부지의 사람
등 타인의 고민도 함께 나누고자 했다.

소세키는 아무리 많은 고민을 하는 중에도 생각이 뒤죽박죽되거
나 혼란한 적이 없었다. 문제의 답을 쉽게 얻을 수 없다 해도 절대 물
음 앞에서 도망치지 않았다. 이것이 소세키가 고민하는 방식이었다.

고민을 해도 혼돈에서 벗어날 수 없다면, 그것은 아직 머릿속에서
정리할 수 있을 만큼 지성을 갖추지 못한 것이다.

끝까지 고민하여 정착할 자리를 찾다

앞에서 소개한 《나의 개인주의》 강연에서 소세키가 말한 상대는 당시의 학생들이다. 소세키는 그들에게 다음과 같이 정열적으로 말했다.

하여간 나는 내가 경험한 고민이 여러분에게도 종종 일어나고 있는 게 틀림없다고 생각합니다만, 어떻습니까? 만약 그렇다면 뭔가에 부딪칠 때까지 나아간다고 하는 것은 학문을 하는 사람, 교육을 받는 사람에게는 평생의 임무이며 혹은 10년, 20년의 주요한 직업으로서 인식될 필요가 있지 않겠습니까?

아! 여기에 내가 나아가야 할 길이 있다! 드디어 발견했다! 이런 감탄사를 마음속에서 외칠 때야 여러분은 비로소 안심할 수 있을 것입니다. 쉽게 무너지지 않을 자신감이 그런 외침과 함께 불현듯 머리를 쳐들고 오는 게 아니겠습니까?

여러분 중에는 이미 거기까지 도달한 사람이 있을지도 모릅니다. 그러나 아직 안개에 가로막혀 번민하고 있다면 어떠한 희생을 감수하더라도 '여기다!' 하고 파낼 수 있는 곳까지 가야 할 것입니다. 반드시 국가를 위해서만은 아닙니다. 또 여러분의 가족을 위해서만 그렇게 하라는 것도 아닙니다. 여러분 자신의 행복을 위해 반드시 필요하기 때문에 말씀드리는 것입니다.

만약 내가 걸어왔던 길을 이미 여러분도 통과했다면 다시 말할 필요도 없겠습니다만, 아직 어딘가에 묶여 헤매고 있다면 그것을 밟아 부숴버릴 때까지 나아가지 않으면 안 됩니다. 물론 나아간다고 해도 어떻게 나아가는 것이 좋은지 알 수 없기 때문에 무언가에 맞닥뜨리는 곳까지 가보는 것 말고는 방법이 없습니다. 내가 충고하는 것을 여러분에게 강요할 생각은 전혀 없습니다만, 이것이 장래 여러분의 행복을 위한 중요한 요소가 될지도 모르겠다고 생각하면 가만히 침묵하고 있을 수가 없습니다.

마음으로 제대로 알지 못하고, 철저하지도 않게 이래도 좋고 저래도 좋다는 식의 해삼 같은 정신으로 몽롱하게 있어보았자 불유쾌하기만 할 테니 가만히 있을 수도 없는 것입니다. 불유쾌하지 않다고 한다면 그것으로 그만이고, 또 그러한 불유쾌함을 이미 통과해버렸다면 그것으로 괜찮습니다. 원컨대 그러한 불유쾌함을 이미 통과했기를 기원합니다. 물론 그 고통은 무지근한 아픔입니다만 세월이 가도 매년 느끼는 아픔과 다르지 않습니다.

그렇기 때문에 만약 나처럼 병에 걸린 사람이 그런 중에 있다면, 아무쪼록 용맹하게 나아가길 희망합니다. 만약 거기까지 갈 수 있다면, 바로 거기에서 자신의 위치를 굳건히 정하게 될 것이고, 이제 안심할 장소가 있다는 사실을 발견하여 평생의 안심과 자신감을 획득하리라 생각하여 말씀드립니다.

소세키는 신경쇠약증을 앓았지만, 그 실상은 진정한 어른이고, 최선을 다해 어른으로서의 책임을 완수하려 했다. 그것은 그가 런던의 하숙방에서 자신이 정착할 자리, 즉 자신의 문학론과 창작 활동을 차분하게 안정시킬 장소를 찾음으로써, 엉거주춤했던 불안정한 시대에 매듭을 짓고 자신감을 얻었기 때문이다.

소세키가 끝까지 고민한 과정을 본다면, 우리에게도 자신의 본성을 깨닫고 광명을 찾는 순간이 반드시 오리라는 것을 배울 수 있다. 그리고 결국 '자신이 정착할 자리'를 찾는다면 타인을 포함해 보다 많은 삶의 짐을 감당해낼 수 있다.

고민하는 사람에서 책임과 사명을 짊어지는 진정한 어른으로 건너가는 방법을 소세키에게서 배울 수 있다.

2장 변화를 두려워하지 않는
지성

혁신에 적응하는 지성

현대는 역사적으로 봐도 변화가 심한 시대다. 그것은 직업의 변천만 보아도 알 수 있다.

30년 전, 대학 동창 중에 일본장기신용은행에 입사한 친구가 있었다. 그의 취직이 정해졌을 때 '평생 안심하고 먹고살 수 있겠다'며 모두 축하했다. 그 은행이 설마 망하리라고는 아무도 상상하지 못했다.

기술 혁신으로 기업뿐 아니라 직업 자체가 없어지는 경우도 있다. 예를 들어 전에는 책이나 광고지 같은 인쇄물은 사진식자 기술자가 있어야 만들 수 있었다. 그런데 컴퓨터로 조판하는 DTP(desktop publishing) 시대가 도래하자 기술자의 일도 줄었다.

특히 최근에는 인간이 일일이 프로그램하지 않아도 인공지능이 스스로 학습하는 심층학습(딥러닝) 기술이 크게 발달했다.

그로 인해 자동차 운전이나 복잡한 사무 같은, 지금까지는 기계에 맡길 수 없었던 분야도 시간문제일 뿐 머지않아 기계가 인간을 대신할 것이다.

이런 격변과 격동의 시대에서는 지성의 모습 역시 쇄신되어야 한다. 자기 손으로 무언가를 발명하지는 않더라도 적어도 새로운 기술을 부정하지 않는 태도를 가져야 지성적이라 할 수 있다.

다윈은《종의 기원》에서 자연도태가 세상의 원리이며, 자연의 변화에 적응한 종만이 살아남는다고 했다. 적응하지 못하면 도태된다는 것은 자연계에만 적용되지 않는다.

옛 시대에 대한 향수는 적당히

사람이라면 시대가 크게 변하면서 사라지는 것들에 애착을 느끼거나 지키고 싶은 생각이 든다. 이는 자연스러운 현상이다. 옛 시대와 끝까지 같이하고 싶다는 바람도 하나의 미학일 것이다.

소세키의 《마음》에서는 '선생님'이, 메이지 일왕이 죽은 후 노기 마레스케 대장이 스스로 목숨을 끊었다는 사실을 알고 충격을 받는다. 그는 아내에게 "만일 내가 순사한다면 그것은 메이지 정신을 위해 순사하는 것이다"라고 말하는 장면이 나온다.

소세키를 포함해 메이지라는 시대를 살아온 사람들은 그 시대가 종언을 고할 때 많든 적든 이런 감상을 갖고 있었다. 하이쿠 시인 나카무라 구사타오는 "내리는 눈과 메이지는 멀어져가는구나"라는 하이쿠를 지었고, 소설가이자 수필가인 나가이 가후도 메이지시대까지는 남아 있던 에도의 흔적이 관동대지진으로 도쿄에서 사라져버린 슬픔을 〈재난〉이라는 시에서 "나는 메이지의 자식이 아니던가"라고 표현했다.

1960년에 태어나 청춘의 대부분을 쇼와시대(1926~1989)와 보낸 나

같은 세대에게도 쇼와에 대한 특별함은 있다. 그러나 그 시대로 돌아가는 것은 현실적으로 불가능하고 사회가 크게 변한 이상 싫어도 적응해야 한다. 그렇지 않으면 일도 생활도 할 수 없다.

냉정하게 생각해보면 쇼와가 정말 그렇게 좋은 시대였는지 의심스럽기도 하다. 쇼와 30~40년대인 1950~1960년대에 흉악범죄가 지금 시대보다 많았다는 통계를 봐도 그렇고, 공중화장실의 위생 상태는 당연히 지금이 훨씬 깨끗하다. 통신판매도 지금은 인터넷으로 주문하면 2, 3일 안에 도착하고 경우에 따라서는 당일에도 배송되는데 옛날에는 꽤 오래 기다리는 것이 보통이었다.

물론 쇼와시대에만 있었던 좋았던 것들도 많아서, 그런 것들을 향수로 추억하는 동안에는 그때가 더할 나위 없이 좋게도 느껴진다. 그러나 인간은 일단 편리함과 질 높은 서비스에 익숙해지면 옛날 생활 방식으로 돌아가기가 어렵다. 종합적으로 생각하면 결국 현대의 승리를 인정할 수밖에 없다.

생각해보면 인간사회가 지성이나 도덕적인 면에서 옛날보다 퇴화한 예는 몇 번인가 있었을지 모르지만, 편리한 시대에서 불편한 시대로 돌아간 경우는 없다. 인간은 한 번 기억한 편리함과 쾌적함을 버릴 수 없는 생물이다.

시대의 급격한 변화가 초래한 스트레스

단, 시대의 급격한 변화로 현대인이 엄청난 스트레스를 받는 것도 사실이다.

질 높은 서비스를 당연하게 생각하는 세상이 되었다는 것은 그만큼 서비스를 제공하는 인원이 필요한 세상이 되었다는 의미이다. 이런 세상에서는 일하지 않아도 살 수 있는 극소수의 부자 말고는 누구나 서비스를 제공하는 측이 될 수밖에 없다. 그리고 제공하는 서비스의 질이 높을수록 정신적 스트레스도 커진다.

사람은 스트레스를 느끼면 뇌의 일부인 편도체가 위험을 감지해 부신에 코르티솔이라는 호르몬을 분비하도록 명령한다. 코르티솔은 투쟁과 도주 반응 모드로 들어가게 하는 호르몬으로, 다른 동물에게 목숨을 위협받은 원시시대에는 생존에 큰 도움이 되었다. 그러나 지나치게 분비되면 뇌의 해마를 위축시켜 기억력과 판단력에 악영향을 주어 알츠하이머 치매의 원인이 되기도 한다. 현대인에게는 최대한 억제해야 할 호르몬이다.

에도시대에서 메이지시대로 넘어가는 대전환기에 태어난 일본인들도 지금만큼 혹은 그 이상으로 시대의 급격한 변화에 스트레스를 느꼈을 테고 몸에 많은 코르티솔이 분비되었을 것이다. 특히 무사계급의 스트레스는 엄청났을 텐데, 그들이 속한 번(藩)의 주군 같은 자신들이 신봉해 충성을 맹세했던 대상이 소멸한 데다 혼(魂)이라 배

윘던 검마저 버려야 했기 때문이다.

태평양의 가교가 되는 것을 목표로 미국에서 사비로 유학하고 서양인을 위해《무사도》를 쓴 니토베 이나조도 폐도령(廢刀令. 대례복 착용자, 군인, 경찰관 외에는 검 휴대를 금한다는 법령. 1876년 시행)이 내려진 후 큰 상실감을 느꼈다고 한다. '허리에 검을 찬 것과 차지 않은 것은 기분이 완전히 다르다'고 말할 정도였다.

오기로 버틴다

서론이 길어졌는데 이쯤에서 이번 장의 중심인물인 후쿠자와 유키치(1835~1901)에 대한 이야기를 시작하겠다. 후쿠자와는 에도 막부 말기부터 메이지에 걸쳐 대표적인 진보적 인물로서 근대를 대표하는 지성의 소유자였다. 일본의 최고액 지폐 1만 엔을 장식하는 초상화 주인공이기도 하다.

후쿠자와는 1835년 나카쓰 번의 하급 무사 후쿠자와 하쿠스케의 차남(5남매 중 막내)으로 태어났다. 하쿠스케는 유교에 정통한 학자였는데, 번에서 그가 맡은 역할은 번의 살림을 꾸리기 위해 돈을 빌리는 일이었다.

유교에서는 돈을 만지는 일을 부정하다고 여겨 주판을 퉁기고 오사카 상인들을 상대로 번의 채무 연기를 부탁하는 일은 그에게 고통이었다. 스트레스와 피로가 심했는지 후쿠자와가 세 살 되던 해에 뇌출혈을 일으켜 45세의 젊은 나이에 사망했다.

아버지가 죽은 후 가장이 된 형도 한자와 산술에 뛰어난 인물이었다. 그러나 아버지처럼 신분의 벽에 가로막혀 번에 머무는 한 출셋길은 처음부터 막힌 것이나 다름없었다. 이런 환경에서 성장한 후쿠자와는 출생으로 개인의 재능과 가능성이 꺾여버리는 문벌주의를 '부모의 원수'라 부를 정도로 싫어했다. 《후쿠자와 유키치 자서전》에는 이런 문장이 있다.

> 아버지가 45년 평생을 봉건제도에 속박되어 아무것도 하지 못한 채 불만을 참고 살다가 헛되이 세상을 떠난 것이 유감스럽다. 또한 젖먹이의 장래를 걱정하여 중노릇을 시키는 한이 있더라도 세상에 이름을 남기도록 하겠다고 결심한 그 괴로운 속마음. 그 깊은 애정. 나는 그것만 생각하면 봉건적 문벌제도에 분노하는 동시에 돌아가신 아버지의 심정을 헤아리게 되어 혼자서 울곤 한다. 나에게 문벌제도는 부모의 원수다.

단, 후쿠자와의 인생을 말할 때 주의해야 할 것은 그가 평생 무사로서의 기개도 잃지 않았다는 점이다.

1901년에 발표한 《오기설(瘦我慢の説)》을 보면 잘 알 수 있다. 여기서 후쿠자와는 승산이 없어도 죽을힘을 다하는 오기가 얼마나 고귀

한지 설명하면서 그 이상적 모델이 (도쿠가와 이에야스가 인질로 잡혀 13년간 포로 생활을 하던 시기에 극빈한 상황을 견디며 그를 도와 결국 통일의 토대를 이룬) 미카와 무사(충성과 의리의 대명사로 미카와는 현재의 아이치 현)라고 했다.

후쿠자와는 그 논리로, 이전 막부의 신하이면서 메이지 유신 후 신정부에 들어간 가쓰 가이슈와 에노모토 다케아키(해군으로 메이지 유신 주도 세력에 맞서 도쿠가와 막부 가문을 마지막까지 지지했으나 뒤에 신정부에 등용되어 중요 직책을 두루 맡았다)를 호되게 비판하며 자긍심이 있다면 사퇴해야 한다고 권고했다.

후쿠자와 자신도 정부에 들어오라는 요청을 여러 번 받았지만 재야 언론인이자 교육자인 자신의 활동을 강조하며 고사했다. 만년에는 '정부와 민간에 상하관계는 없다'는 신념에서 훈장도 거부했다. 자신의 기개를 잃지 않았기 때문에 타인에게도 가혹한 요구를 할 수 있었던 것이다.

가혹한 경쟁 환경을 스스로 만들다

후쿠자와는 나가사키 유학을 거쳐 1855년, 20세에 나카쓰 번을 나와 오사카로 갔다. 난학자이며 의사인 오가타 고안이 개설한 의학학원 데키주쿠(適塾)에서 네덜란드어와 난학(일본 에도시대에 네덜란드에서

전래된 지식을 연구한 학문)을 배우기 위해서였다.

에도 막부가 미국과 미일화친조약을 맺어 쇄국 체제가 끝난 것은 그 전해 3월로, 그 시점에서는 네덜란드어가 여전히 일본인이 서양 지식에 접근할 수 있는 주요 언어였다.

데키주쿠에는 후쿠자와 외에도 전국의 영재들이 모여 들었다. 존 왕양이운동(에도시대 말기에 일어난 외세 배격 운동) 초기의 중심인물인 하시모토 사나이 외에 이후 일본 최초의 근대 육군을 창설한 오무라 마스지로, 메이지 정부에서 외교관으로 활약한 오토리 게이스케, 만화가 데즈카 오사무의 증조부인 의사 데즈카 료센이 대표적인 인물이다.

정치 중심지였던 에도나 교토가 아닌 장사꾼의 도시 오사카에 있었던 데키주쿠가 이런 인재들을 배출한 것은 지금 생각해도 신기할 정도이다. 데키주쿠가 이 정도의 명문 교육 기관이 될 수 있었던 것은 그곳의 학생들 스스로가 경쟁의 분위기를 지폈기 때문이다.

데키주쿠는 실력주의로 운영되었다. 앉는 자리는 신분이나 나이, 들어온 연차에 상관없이 한 달에 두 번 실시하는 네덜란드어 시험 성적순으로 정해졌다. 그래서 학생들은 제한된 수의 사전을 서로 빼앗듯이 하며 공부했다. 후쿠자와도 매일 밤 책을 읽다 지쳐서 그대로 엎드려 잠이 들었다. 베개나 이불 같은 침구를 사용한 적이 거의 없었다.

그들은 맹렬히 공부했다. 하지만 입신출세를 위한 것이 아니었다.

시대 상황으로 볼 때 각 번의 다이묘 저택이 있는 에도라면 서양 서적을 읽을 수 있는 인재가 필요했으므로 관직에 오를 가능성이 아주 없지도 않았다. 하지만 오사카에서는 그런 경로를 기대할 수 없었다.

자부심이 동기를 부여한다

후쿠자와는 《후쿠자와 유키치 자서전》에서 다음과 같이 말했다.

개국 초기라고는 해도 에도에는 막부를 비롯하여 영지에 다이묘들의 저택이 아직 남아 있었고, 서양의 신기술을 받아들이는 것이 급선무로 여겨졌다.

따라서 조금이라도 양서를 이해할 수 있는 사람을 고용한다든가 혹은 번역을 시키고 그 답례로 돈을 주곤 했기에 서생들이 생계를 꾸려가기에는 유리했다.

운이 좋으면 다이묘에게 발탁되어, 어제까지 서생이었던 자가 오늘은 봉록 수백 석의 사무라이가 되었다는 소문도 가끔은 있었다. 그에 비해 오사카는 완전히 조닌(에도시대에 도시에 거주하던 장인과 상인의 총칭)의 세계로 무가(武家)라는 것이 없었다.

따라서 포술을 배우려는 자도 없거니와 원서를 연구하려는 자도 없었다. 그러니 오가타의 서생이 몇 년이나 공부해서 어엿한 학자가 되어도 실제의 일자리와는 인연이 없었다. 즉 의식주와 인연이 없는 것이다.

그럼 왜 그렇게 고생하며 공부했는가? 이런 질문에 후쿠자와는 대답할 말이 없다고 한다.

명예를 추구하지 않을 뿐 아니라, 난학 서생이라고 세상 사람들의 손가락질을 받을 뿐인지라 이미 자포자기 상태가 되어 있었다. 오로지 밤낮으로 고생하며 어려운 원서를 읽고 좋아할 뿐 정말로 앞날을 알 수 없는 상황이었다. 그래도 당시 서생들의 마음속을 들여다보면 나름대로 즐거움이 있었다.

그 즐거움은 한마디로 말하면 서양의 새로운 문명이 기록된 책을 읽을 수 있는 자는 일본 전국에서 우리밖에 없다, 우리 동료들만 가능한 일이다 하면서, 가난하고 고생스럽게 조의조식(粗衣粗食)하고, 언뜻 보기에는 볼품없이 초라한 서생이지만, 왕성한 지식과 고고한 사상만큼은 왕족귀인을 눈 아래로 내려다볼 정도였다. 그저 어려우면 즐겁다며 고중유락(苦中有樂), 고즉락(苦卽樂)의 경지였던 듯하다.

말하자면 이 약이 어떤 병에 잘 듣는지는 모르지만 우리 외에 이렇게 쓴 약을 먹는 자는 없으리라는 생각에서, 어떤 병인지 묻지도 않고 그저 쓰기만 하면 무작정 먹겠다는 혈기였던 것이다.

즉, 이렇게 난해한 책을 읽을 수 있는 사람은 일본 어디를 찾아봐도 우리 정도뿐이다, 그런 유치하다면 유치한 자부심이 동기가 되었다고 말한다.

목적 없는 공부가 강한 이유

그러나 데키주쿠에서 학문에 대한 학생들의 열기가 그 정도로 높았던 것은 '목적이 없기' 때문이다.

어쨌든 당시 오가타 서생들은 십중팔구 목적도 없이 고학하는 사람들이었지만, 목적이 없는 덕분에 오히려 에도의 서생들보다 공부를 잘할 수 있었던 듯하다. 그런 면에서 오늘날의 서생들 역시 학문을 공부하면서 동시에 지나치게 자신의 앞날을 걱정하면 오히려 학업에 지장이 있으리라는 생각이 든다. 그렇다고 해서 별 생각 없이 책만 보는 것은 가장 좋지 않다. 하지만 또한 방금 말했듯이 항상 자신의 앞날만 걱정하여 어떻게 하면 입신출세할 수 있을까, 어떻게 하면 수중에 돈이 들어올까, 어떻게 하면 멋진 집에 살면서 호의호식할 수 있을까 하는 것만 염두에 두고 열심히 공부하는 것은 결코 진정한 공부가 아니라고 생각한다. 면학하는 중에는 그저 조용히 지내는 것이 최상일 것이라는 게 나의 결론이다.

후쿠자와는 만년에 이르러서도 게이오기주쿠(慶應義塾) 학생들에게 '목적 없는 공부야말로 중요하다'고 자주 말했다고 한다. 이런 점에서도 그의 기개가 느껴진다.

실제로 후쿠자와와 동료들이 맹렬히 공부한 데는, 그들이 얼마나 자각하고 있었는가와는 별개로 분명 또 다른 이유가 있었을 것이다. 난학을 배웠던 그들은 서양 문명이 동양보다 압도적으로 앞섰다는 것을 잘 알고 있었고, 서양의 지식이 언젠가 일본에도 필요하리라고 확신했다. 그리 멀지 않은 장래에, 무사라는 계급이 사라질 가능성도 막연히 느꼈을지 모른다.

그러나 그런 미래가 보이는 이상으로 자신들이 출세를 하지 못한다고 해도 누군가는 난학을 배워 후세에 전해야 한다는, 그런 공공심과 의협심도 적지 않게 작용했을 것이다.

냉정하고 대범한 정신을 가지다

이처럼 후쿠자와는 스스로 긍지와 기개를 가지고 있어서 구시대에는 구시대의 좋은 점이 있다는 것도 잘 알고 있었을 것이다. 아마 마음 한구석에서는 그 시대를 그리워했을지도 모른다. 그렇지만 후쿠자와는 메이지 유신 후 대다수 사족(士族)이 어쩔 수 없이 따랐던 폐도령도 집착하지 않고 받아들인다.

'구시대의 좋은 점은 좋은 대로 이해하면서 지나치게 고집하거나 집착하지 않는다.' 그는 이런 의미에서의 냉정함을 가지고 있었다. 그리고 내가 후쿠자와를 좋아하는 것도 그의 이런 면에 매료되었기 때문이다.

《후쿠자와 유키치 자서전》에는 그가 어릴 적에 근처 신당의 목패를 내다버리고 돌로 바꿔놓은 에피소드가 있다.

> 그러나 한두 살 나이를 더 먹으니 저절로 담력도 커진 듯, 노인들이 말하는 신벌명벌(神罰冥罰)이란 순전히 거짓말이라는 생각에서 요번에는 어디 이나리(곡식의 신)를 한번 보자고 결심했다. 내가 양자로 들어간 숙부댁의 이나리를 모신 신당 안에는 무엇이 들어 있을까 궁금해 열어보니 돌이 들어 있었다. 그래서 그 돌을 내다버리고 대신 다른 돌을 주워 넣어 놓았다.
>
> 또 이웃의 시모무라 씨 집의 이나리 신당을 열어보니 신체(神體)라는 무슨 목패가 들어 있었다. 이 역시 집어서 바깥에 내버리고 태연한 표정으로 있었는데 이윽고 제삿날이 되자 깃발을 세우고 북을 치고 술을 올리는 등 야단법석이었다. 나로서는 우스꽝스러워 보였다. '바보들, 내가 넣어둔 돌에 술을 올리고 절을 하다니 웃기는군' 하며 혼자 좋아했다.
>
> 그러니 어려서부터 하느님이 무섭다거나 부처님이 고맙다거나 하는 생각은 전혀 없었다. 점이나 주술은 일절 믿지 않았고 여우나 너구리

에게 홀린다는 이야기도 전혀 믿지 않았다. 어린 나이에도 불구하고 정신은 대범했다.

이 대범한 정신은 바꿔 말하면 강한 정신이라고도 할 수 있다. 실제로 후쿠자와는 평생 동안 정신적 문제를 겪은 적이 없다. 사람들이 과거의 실패에 얽매이거나 지난 시절의 향수에 붙잡혀 있는 동안 '정이 아니라 이치'를 원동력으로 삼아 앞으로 나아갔다.

이런 냉정하고 합리적인 판단으로 행동할 수 있는 강인한 정신 역시 지성의 한 형태라고 할 수 있다.

이성의 힘으로 돌파하다

사람이 스스로 스트레스를 관리할 때 지성은 중요한 역할을 한다.

스트레스를 느끼면 코르티솔이라는 호르몬이 분비되어 뇌에 좋지 않다고 했다. 코르티솔 분비를 억제하기 위해서는, 즉 편도체의 흥분을 가라앉히기 위해서는 인간의 뇌에서 지성적인 능력을 관장하는 전전두엽을 자극하는 것이 중요하다.

후쿠자와의 인생을 보면 이성과 지성의 힘으로 이렇게까지 정신을 안정시킬 수 있을까 경탄하게 된다. 그는 1859년, 24세에 큰 좌절을 경험한다. 그 전해에 나카쓰 번의 명으로 에도에 갔던 그는 요코

하마에 외국인 거류 지역이 생겼다는 말을 듣고 구경을 갔다. 그런데 막상 가보니 그곳에서 사용하는 말은 영어뿐이었다. 네덜란드어는 통하지 않았다.

당시 요코하마에서는 외국인이 드문드문 보였는데, 군데군데 세워져 있는 허름한 집에 외국인이 살면서 가게를 열고 있었다. 그곳에 가보니 전혀 말이 통하지 않았다. 내가 하는 말도 통하지 않았지만 상대방이 하는 말도 알아들을 수 없었다. 가게의 간판도 읽을 수 없거니와 벽에 붙은 쪽지도 읽을 수 없었다. 어디를 보아도 내가 읽을 수 있는 글자는 없었다. 영어인지 불어인지 전혀 알 수가 없었다.

데키주쿠에서 숙장까지 맡고 있던 그는 네덜란드어는 완벽하다는 자신감을 가졌을 것이다. 그러나 그것이 부질없는 노력이란 걸 알고 실망하지 않을 수 없었다.

요코하마에서 돌아온 나는 다리가 피곤한 것보다도 낙담이 컸다. 이래서는 안 되겠다. 이제까지 몇 년이나 필사적으로 네덜란드어 서적 읽기를 공부했는데, 그것이 지금은 아무런 쓸모도 없다. 가게 간판을 보고도 읽을 수가 없다. 그러고 보니 정말로 쓸모없는 공부를 한 셈이로구나 하며 정말로 낙담하고 말았다.

사실 데키주쿠에서 같이 공부한 동료 중에는 세계의 흐름에 네덜란드의 영향이 크지 않다는 현실을 알고 낙담해 어학 공부를 그만둔 사람도 있었다. 그러나 후쿠자와는 달랐다. '절망할수록 시간 낭비'라는 듯 요코하마에서 돌아온 다음 날부터 영어 공부를 시작하기로 결심한다.

그렇다고 낙담만 하고 있을 때는 아니었다. 그곳에서 사용하는 말, 적혀 있는 문자는 영어나 프랑스어임에 틀림없다. 그런데 지금 전 세계에서 영어가 널리 쓰이고 있다는 사실은 이미 알고 있었다. 아마도 그것은 영어였을 것이다. 지금 일본은 조약을 맺고 개방을 시작하고 있다. 그렇다면 앞으로는 틀림없이 영어가 필요할 것이다. 양학자로서 영어를 모른다고 하면 아무 소용이 없다. 앞으로는 영어 공부를 하는 수밖에 없다고 결심했다.

요코하마에서 돌아온 이튿날, 일시적인 낙담과 함께 새로운 뜻을 품고, 그 후로는 무엇보다 영어가 최우선이라고 각오를 다졌다.

재출발을 마다하지 않다

결과적으로 후쿠자와의 결심은 옳았다. 영어 공부를 시작해보니 영어와 네덜란드어 사이에는 생각보다 큰 차이가 없었다. 네덜란드어를 배운 것이 허사는 아니었다.

처음에는 일단 영어로 된 문장을 네덜란드어 문장으로 번역하는 것을 시도해보았고 한 자 한 자 사전을 찾아 그것을 네덜란드어로 고쳐 쓰면 어김없이 네덜란드어 문장이 되어 문장을 이해하는 데 어렵지가 않다. 단지 그 영문 단어의 발음을 바르게 표현하는 데 애를 먹었지만 이 역시 차츰 실마리가 잡혀오면 그리 어렵지 않으니, 요컨대 처음 우리가 네덜란드어를 단념하고 영어로 바꾸자고 했을 때 정말 네덜란드어를 팽개쳐버리고 수년 동안 공부한 결과를 헛되이 여기고 생애 두 번째의 간난(艱難)이요 신고(辛苦)로 생각했던 것은 크게 잘못된 이야기고, 사실을 본다면 네덜란드어고 영어고 모두 똑같이 가로로 쓰는 알파벳이자 문법 역시 거의 유사하여 네덜란드어 문장을 읽는 능력은 자연히 영어 문장에도 적용되어 결코 무익하지 않다. 물을 헤엄치는 것과 나무에 오르는 것은 전혀 다르다고 생각했던 것은 일시적인 현혹이었다는 사실을 발견했다.

어학을 공부해본 사람이라면 서양 언어는 문법에 공통점이 많아 한 언어를 습득하면 다른 언어도 비교적 쉽게 습득할 수 있다는 것을 알 텐데, 그 시대의 사람들은 그런 것을 몰랐다.

'지금까지 공부한 것이 전부 허사였다'고 오해하고 좌절할 수도 있는 상황에서 재출발을 결심한 각오는 경탄할 만하다.

각오하고 도전한 학문이
전두엽을 단련시킨다

수험 공부를 비롯해 모든 공부가 그렇다. 각오하지 않고 시작하면 오래가지 못한다. '공부 해봤자 장래에 도움이 안 될 것 같다'거나 '지금 자신에게는 공부 외에 다른 중요한 것이 있지 않을까' 하는 식의 이런저런 변명이 떠오르기 때문이다.

그러나 '반드시 이 대학에 가겠다', '이 자격증을 따겠다'고 각오를 다지면 공부에 임하는 자세와 집중력이 확실히 달라진다.

마음이 여려서 쉽게 꺾이는 청년들을 많이 본다. 대학에서 학생을 접할 기회가 많다 보니 사소한 일에 좌절해 다시 일어나지 못하는 학생이 매해 늘고 있다는 걸 실감한다.

나는 이런 현상이 학문에 자신의 전부를 거는 청년의 감소와 상관관계가 있다고 생각한다. 요즘의 대학생은 예전과 비교해 놀랄 만큼 성실하고 수업 출석률도 높다. 그런 반면에 다른 것은 눈에 들어오지 않을 만큼 학문이 좋다는 사람은 지극히 소수에 불과하다.

각오를 다지고 진지하게 공부한 경험의 유무가 그 사람의 지성을 좌우한다. 물론 정신에도 큰 영향을 미친다. 후쿠자와가 네덜란드어와 영어 앞에서 '무슨 일이 있어도 해낸다'는 불굴의 정신으로 싸운 배움의 방식, 그렇게 공부해야 비로소 단련되는 '전두엽의 힘'은 확실히 존재한다. 전두엽의 힘이란 바꿔 말하면 '생각을 정리하는 능력'이다.

후쿠자와가 살던 시대에는 외국어 사전이나 문법책의 수가 적었고, 내용도 지금처럼 튼실하지 않았다. 그래서 외국어 문장을 읽으려면 무엇보다 교재에 몰입해 자신의 전전두엽(전두엽 앞쪽 이마 부분)을 최대한 가동해 해석해나가는 작업이 필요했다.

이런 방식으로는 처음 읽은 단계에서 무슨 내용이 쓰여 있는지 전혀 알 수 없다. 그러나 책의 저자는 분명 어떤 의미를 말하고 싶었을 테고 그래서 글로 썼을 것이다.

그렇게 믿고 자신이 아는 몇 개의 단어와 제한된 정보를 실마리로 삼아 반복해 읽다 보면 갑자기 '알았다!' 하는 순간이 찾아온다. 그런 과정의 반복인 것이다.

외국어를 읽는 이런 체험을 통해 자기 '머리의 지구력'을 단련한 후쿠자와는 훗날 게이오기주쿠를 창설하면서, 이곳은 여러 학문을 가르치지만 기본적으로는 서양 책을 읽기 위한 장소라고 말한다. 그리고 독서 방법에 대해 다음과 같이 말한다.

게이오기주쿠의 독서 순서는 대략 다음과 같다.

주쿠에 들어오면 먼저 서양의 알파벳을 배우고 이학(理學) 초보나 문법책을 읽는다. 여기에 3개월을 쓴다.

3개월이 지난 후에는 지리책 또는 물리학 책을 한 권 읽는다. 여기에 6개월을 쓴다.

6개월이 지나면 역사책 한 권을 읽는다. 여기에도 역시 6개월을 쓴다. 이것들은 전부 소독(素讀, 글의 내용을 이해하지 못해도 글자를 좇아 읽는 방법)으로 배운다. 이것으로 대부분의 양서를 읽을 수 있는데, 사전을 찾고 선배에게 미심한 점을 물으면서 제 나름대로 책을 읽으면 어려운 책의 강의를 들어도 그 의미를 상당히 이해할 수 있다. 먼저 이것을 독학(獨學)의 시작으로 한다. 또 회독(會讀, 여럿이 모여 책을 읽고 내용을 연구하고 토론하는 방법)은 주쿠에 들어와 3, 4개월이 지난 후에 시작한다. 이것으로 독서의 힘을 크게 키워야 한다.

위와 같이 해서 3개월, 6개월, 또 6개월을 지내면 1년 3개월이 된다. 이 사이에 절대 학문을 익힐 수 있는 것은 아니다. 물론 각자의 재능·무능도 있지만 대략 지금까지 중간 정도의 인물을 경험한 바를 기록한 것이다.

자신의 생각을 가질 수 있고, 번역도 할 수 있고, 가르칠 수도 있고, 차례로 학문이 향상될수록 학문은 어려워지기 때문에 진정한 학문을 익힌 자는 게이오기주쿠 안에 한 명도 없다. 아마 일본 국내에도 서양 학문을 완전히 배웠다고 말하는 자는 없을 것이고 단지 깊고 얕음의 구별만 있을 뿐이다. 《경응의숙신의(慶應義塾新議)》, 1869년)

심지가 흔들리지 않아야
변화 앞에서 망설이지 않는다

이렇게 시간을 들여 충분히 단련된 전두엽을 갖춘 지성이라면 시대의 변화를 고집스럽게 거부하며 폐쇄된 삶을 살지 않을 것이다.

네덜란드어에서 영어로 전향하기로 결심한 후쿠자와 같은 사람은 아무리 거친 파도가 밀려와도 스스로 대처하고 결단할 수 있다. 미래를 분석하고 예측하며, 조류의 변화를 감지해 자신이 있어야 할 위치를 파악하는 능력을 가지고 있다.

어느 정도 나이가 있는 일본 사람이라면 동화작가 니이미 난키치의 《할아버지의 램프》를 알 것이다. 그만큼 유명한 동화다.

주인공 할아버지는 어렸을 적인 메이지 말기에 램프를 처음 보았다. 그 밝기에 감동해 직접 램프를 파는 장사를 했고 성공했다. 그런데 세상이 바뀌어 전기가 보급되자 램프를 찾는 사람이 없었다. 그래서 마을에 전기를 들이려는 이장과 지지자들에게 원한을 품고 그들 집에 불을 놓으려 한다. 하지만 막판에 자신의 잘못을 깨닫게 된다.

그는 가지고 있던 램프를 전부 연못으로 가져가 주변을 환하게 밝힌다. 아름답게 빛나는 램프를 바라보며 눈물을 흘리던 그가 돌을 던져 램프를 하나씩 깨뜨린다. 세월이 지나 할아버지가 된 그는 손자에게 "세상이 변해 더 이상 자신이 파는 물건이 쓸모없어졌다면 깨끗이 버려야 한다. 옛날에 매달리거나 시대를 원망해선 안 된다"
고 말한다.

할아버지는 자신을 성공으로 이끈 램프에 깊은 애착을 가졌지만,
시대의 변화는 있는 그대로의 변화로 받아들였다. 직접 돌로 램프를
깬 행동은 그런 각오를 다지기 위한 의식이었다.

인간이라면 누구나 마음이 가는 것에 매달리기 마련이다. 하지만
자신 안에 흔들리지 않는 축이 있다면, 개개의 사실이나 현상에 집
착하지 않고 경쾌하게 뛰어넘을 수 있다.

근세에서 근대로 넘어가는 경계를 가볍게 뛰어넘은 후쿠자와도
나라에 대한 염려, 즉 국가와 국민의 자립이라는 주제를 변함없이
가지고 있었다. 그것이 변하지 않았기 때문에 그 외의 것은 비교적
간단히 바꿀 수 있었다.

감정이 깊어도 이성적일 수 있다

사람의 마음은 변하기 마련이지만 의외로 하나에 집착하는 경향
이 있다. 일단 어느 상태에 익숙해지거나 어떤 것에 호의를 품으면
다른 것을 받아들이는 것 자체를 뇌가 스트레스로 인식한다.

좋아하는 사람이 관심을 안 보이고 거부를 한다 해도 마음을 쉽게
접기란 어렵다. 이런 상황에서 상대의 의사를 끝까지 받아들이지 못

한다면, 그것은 자신의 이성이 마비되었거나 애초에 이성적인 모습으로 다가가려 하지 않은 것일 수 있다.

이성은 거부된 상황을 객관적으로 보게 해준다. 현재 상황에서 가능성이 없다는 것을 인정하고 더 이상 자신의 마음이 다치지 않도록 억제하게 해준다.

이런 판단이 가능하다고 해서 냉정한 것은 아니다. 정이 많고 적음을 떠나 사람은 원하는 만큼 감정을 통제하고 이성으로 상황을 개선할 수 있다. 하지만 그것은 전적으로 자신이 원하는 바에 달렸다.

원망은 해롭다

사람을 좋아하는 문제 말고도 일상에서 감정이 이성을 억누르는 상황은 많다. 가장 쉬운 예가 직장, 학교 혹은 인터넷상에서 매일 이루어지는 감정적이고 비생산적인 토론(이라는 명목의 언쟁)이다.

누군가 부자연스럽고 합리성이 결여된 언동을 한다면, 대체로 그 배후에는 그 사람이 품고 있는 질투 혹은 보신(保身)의 감정이 있기 마련이다.

질투는 인간이 빠지기 쉬운 함정이다. 사실 자신의 몸을 망칠 수 있는 무서운 감정이기도 하다. 니체는 《차라투스트라는 이렇게 말했다》에서 자신의 분신인 차라투스트라를 통해 "질투의 불꽃에 둘러싸인 자는 저 전갈처럼 마침내 독침을 스스로에게 돌린다"고 말했다. 지나친 질투, 보신, 반발심을 사전에 막는 것도 이성의 힘이며 지성의 힘이다.

후쿠자와의 《학문을 권함》 13편 제목이 '원망보다 인간에게 유해한 것은 없다'이다. 여기서 그는 "인간의 악덕에는 여러 가지가 있지만 사람과의 교제에 있어 원망만큼 유해한 것은 없다"고 말한다.

오해를 막기 위해 미리 말해두는데, 후쿠자와의 발언은 출생에 관계없이 사람은 평등하고 당연히 그래야 한다는 인식을 전제로 한다. 흔히 '기회의 평등'과 '결과의 평등'은 다르다고 하는데, 격차가 크게 벌어지는 현대사회에서는 기회의 평등이 보장되는지 의심스럽다. 후쿠자와가 말하는 원망은 이런 '기회의 불평등'에서 발생하는 것을 뜻하지 않는다.

기회의 평등이 이상적 형태로 실현된다면, 결국 개개인의 능력 차로 인한 결과의 불평등이 생길 수밖에 없다. 즉 후쿠자와가 금하는 것은 자신이 가지지 못한 타인의 능력을 시샘하는 마음, 또한 타인이 그 능력으로 얻은 성공을 시샘하는 마음이다.

후쿠자와 유키치와 데카르트의 공통점

'타인의 능력을 시샘하지 않는다'는 것은 뒤집어 말하면 자신의 능력과 자신이 할 수 있는 것이 무엇인지 늘 자문한다는 뜻이다. 그리고 그런 사고방식은 어떤 의미에서 데카르트의 것과 닮았다.

데카르트가 《방법서설》에서 도달한 진리, '나는 생각한다. 그러므로 나는 존재한다', 이는 세상 모든 것은 그 존재를 의심할 수 있지만 모든 것을 의심하는 나라는 존재가 있다는 것만큼은 의심할 수 없다는 뜻이다. 그렇게 나는 존재한다는 것이다.

이것은 매사에 판단을 내릴 때 그 기준을 타인에게 의존하지 않고, 스스로 정리하고 순서를 세우는 자세이기도 하다. 실제로 데카르트는 《방법서설》에서 언제나 자기 머리로 철저히 판단하는 사고법을 습득해 불안과 후회로부터 벗어날 수 있었다고 한다.

데카르트의 작품은 그 내용을 넘어 인류의 사고에 많은 영향을 끼쳤다. 이성의 힘이 인생을 개척하기 위한 실천적 무기가 되었다는 점에서 데카르트와 후쿠자와는 공통점이 있다. 그래서 나는 대학에서 가르치는 1학년 학생들에게 《학문을 권함》과 《방법서설》을 필독서로 권장한다.

학생들에게 데카르트를 읽히면 처음에는 모두 고전한다. 하지만 읽다 보면 머리를 정리하는 것, 순서를 세워 생각하는 것의 의미와 중요성을 깨달아 자극을 받는 듯하다.

지성의 힘이 정신의 고민을 해방한다

후쿠자와는 젊은 시절은 물론이고 만년에 이르러서도 매우 바쁘고 고된 일상을 지냈다. 그러나 인생의 어느 시기를 보아도 후쿠자와 본인의 언동에서 힘들어하는 모습을 거의 느낄 수 없다. 그는 차례로 닥쳐온 고난을 초연히 극복했고, 타인과의 정도 경시하지 않았다.

나는 지성의 힘을 갖춘 인간은 정신적 고민에서도 해방된다고 생각한다. 후쿠자와로 대표되는 이런 유형의 사람은 어려운 상황에서도 마음을 개입시키지 않고 지력(知力)으로 대처한다.

인간관계로 고민이 많거나 여러 번 직장을 옮기고도 스스로 실패했다고 생각하는 사람은 주위에서 일어난 일을 자기 마음에 재현하는 경우가 많다.

"그때 과장이 그런 행동을 한 것은 나를 낮게 평가하기 때문일 거야."

"그 사람은 내가 싫어서 그런 말을 한 거야."

이런 식으로 타인의 말과 행동 하나하나를 자기에 대한 평가로 본다면 집에 돌아와서도 고민을 거듭하게 되고 결국 마음의 상처가 된다.

그런 점에서 후쿠자와는 어릴 적부터 '회로(喜怒)를 드러내지 않는다'를 신조로 삼았다. 남이 헐뜯든 칭찬하든 신경 쓰지 않기로 하고,

그것이 자연스러운 상태가 되도록 했다. 남이 무슨 말을 하건 신경 쓰지 않는 감각을 체득하면 마음이 상처받는 일은 없다.

언젠가는 어떤 한서를 읽다가 '희로를 드러내지 않는다'는 구절을 읽고 크게 감동을 받아 마음의 안정을 되찾은 적이 있다. '이거야말로 금언이구나'하는 생각에, 늘 잊지 않도록 하며 혼자 이 가르침을 지켰다. 누가 무슨 말로 칭찬을 해주건 그냥 건성으로 적당히 받아들일 뿐 마음속으로는 전혀 기뻐하지 않았다. 또한 아무리 경멸을 당하더라도 결코 화를 내지 않았다. 무슨 일이 있어도 화를 낸 적이 없다. 하물며 동료나 친구들과 싸운 적은 한 번도 없다. 남들과 멱살을 잡고 주먹질을 한 적이 없다. 소년 시절뿐만이 아니다. 소년 시절부터 노인이 된 오늘에 이르기까지, 분노로 인해 남의 몸에 손을 댄 적이 없다.

상대를 이겨 일시적인 우월감에 젖는, 감정에 맡긴 비생산적인 토론도 하지 않았다.

그런 주제에 나는 젊은 시절부터 수다스럽게 말하였고 무엇이든지 할 일은 바지런히 하였고 절대 남한테 지지 않았지만, 서생이 지켜야 할 예법에 대한 토론이라는 것을 하지 않는다. 설령 토론을 한다고 해도 정말로 얼굴을 붉히며 무슨 일이 있어도 이기려 하는 토론을 했던 적은 없다. 무엇인가 토론을 시작하여 상대방이 기를 쓰고 나오면 나는 적당히 슬쩍 넘겨버린다. '저 바보가 무슨 어이없는 말을 하고 있나' 하고 생각하고 절대 깊이 파고들지 않았다. 그래서 이제 나 자신은 어디에 가서 어떤 고생도 마다하지 않는다. 단지 이 나카쓰에 살지 않고 어떻게든지 떠나고 싶다고 빌고 있었는데…….

후쿠자와가 이런 생각을 갖게 된 이유는, 타인의 칭찬과 비판보다 더욱 중요한 것을 가지고 있었기 때문이다.

일상의 인간관계보다 중요한 무언가를 발견하고 거대한 배의 키잡이를 맡고 있다는 생각은 그 사람의 마음을 강하게 만든다.

지성의 힘으로 마음의 동요를 억제한 이 방법론은 우리가 배워야 할 가르침 가운데 특히 중요하다고 할 수 있다.

먼저 건강한 신체를 만들고
인성을 키운다

《후쿠자와 유키치 자서전》에서는 그의 교육론도 볼 수 있다. 유아교육에 대한 철칙은 '먼저 건강한 신체를 만들고 인성을 키운다'였다.

자식들 교육에 있어서는 신체 단련을 최우선으로 하여, 어릴 때부터

무리하게 독서를 시키지 않았다. 우선 몸을 튼튼히 하고 그다음에 마음을 수양하도록 하는 것이 내 방식으로, 태어나서 세 살에서 다섯 살까지는 문자도 전혀 보여주지 않고, 일고여덟 살이 되면 이따금 서예를 시킬 뿐 독서는 아직 시키지 않는다.

그때까지는 마음껏 뛰어놀게 하면서 단지 먹고 입는 데 주의를 기울여주고, 또 어린 나이이지만 비열한 짓을 하거나 나쁜 말을 흉내 내거나 하면 야단칠 뿐이다. 그 외에는 완전히 자유방임주의로 내버려두니, 마치 고양이 새끼를 키우는 것과 다를 바 없었다. 바로 이것이 우선 신체를 단련시키는 방법인데, 다행히 모두 아무 탈 없이 건강했다. 여덟 내지 열 살이 되면 그때 처음으로 교육을 시작해서, 본격적으로 매일 시간을 정해놓고 공부를 시킨다. 물론 이 경우에도 건강을 소홀히 하지 않는다. 보통 부모들은 툭하면 공부하라 잔소리하고, 자식이 조용히 독서를 하면 이를 칭찬하는 경우가 많은데, 내 자식들은 공부나 독서를 해서 칭찬받은 적이 없을 뿐만 아니라 오히려 나는 이것을 못 하게 하고 있다.

이것은 유아 교육론으로 쓴 것이지만, 그는 기본적으로 어른에 대해서도 같은 내용, 즉 '건강이 중요하다'는 것을 반복해 말한다. 37세에 큰 병을 앓았던 터라 인간에게 건강한 몸이 중요하다는 것을 느꼈기 때문일 것이다.

그래서 후쿠자와는 나이가 들어서도 꽤 먼 거리로 자주 산책을 나

갔다. 매일 무슨 일이 있어도 도쿄의 미타 또는 시부야 주변을 걸으며 행인들과 잡담을 나누었다. 또한 발도술(拔刀術, 칼을 칼집에서 빼는 기술) 수행도 꾸준히 해 실제로 사람을 향하지는 않아도 달인 수준의 솜씨를 지녔다.

지금도 저녁 일찍 자고 아침 일찍 일어나, 식사 전에 십 리가량 소년 생도들과 함께 산책하고, 오후가 되면 한 시간가량 검술을 하거나 쌀을 찧거나 한 뒤 저녁 식사를 하도록 규칙을 정해, 비가 오건 눈이 오건 일 년 내내 단 하루도 거른 적이 없다.

지성은 일상을 정리하고
마음의 두려움을 없앤다

후쿠자와가 동경하고 실천해서 일본에 뿌리내리고자 했던 자조(自助, self-help) 정신의 원류를 더듬어가면 미국 건국의 아버지 벤저민 프랭클린에 이르게 된다.

프랭클린도 《프랭클린 자서전》에서 후쿠자와처럼 자신을 관리하는 힘의 중요성에 대해 거듭 말한다. 그중에서도 유명한 것이 '프랭클린의 13가지 덕목'으로 알려진 자기관리법이다. 그는 인간의 미덕을 절제, 침묵, 질서, 결단 등의 13가지 항목으로 분류하고 정리해 일주일마다 한 가지를 실천했다.

이런 구체적 방법론을 이용해, 합리적 정신으로 자신을 관리하여 심신을 정돈하는 것은 속박이 아니며 오히려 자신을 자유롭게 하는 것이라고 생각했다.

프랭클린과 후쿠자와의 공통점은 좋은 의미에서의 냉정함을 지녔고, 자조 정신을 중시해 그것을 실천, 장려하여 사회 개선을 위해 유용하게 사용했다는 것이다. 그들의 인생을 통해 지성이 일상을 정리해주고 마음의 두려움도 없애준다는 것을 배울 수 있다.

3장

신체에 깃드는
지성

지성은 배꼽 아래에서 생겨난다

인간의 신체에서 지성을 관장하는 장기는 무엇일까? 이렇게 물으면 100명 중 98, 99명은 "뇌가 아닐까? 그런 당연한 것을 왜 묻지?"라고 할 것이다.

그러나 옛 일본인은 두뇌, 즉 전두엽에서 생겨나는 것과 다른 종류의 지성이 간장(肝臟)과 하라(肚, '배'를 뜻하는 일본어. 몸의 중심, 안정된 마음을 나타내기도 한다)에서 생겨난다고 여겼다. 현대에서도 행동력이 있는 사람, 위기에 겁먹지 않는 사람을 보고 '담력이 있다', '간이 크다', '배짱이 있다'고 한다. 여기서 간은 배꼽 아래에 있는 제하단전(臍下丹田)을 가리킨다. 예전에는 제하단전에 기력이 충실하면 어떤 상황에서도 사고가 흐트러지지 않고 정확한 행동을 할 수 있다고 생각했다.

돌발적인 사건이나 문제에 부딪혀 허둥대는 상황을 흔히 긴장해서 '상기(上氣)하다', '머리에 피가 오르다'라고 표현하는 것에서도 알수 있듯이 옛사람들은 그런 경우 인간의 기(氣)는 내버려 두면 신체의 위쪽으로 올라간다는 신체감각을 지각하고 있었다.

그러나 그 '기'는 의식적으로 깊고 느리게 호흡해서 신체의 아래쪽으로 끌어내려 제하단전, 즉 하라에 머물게 할 수 있다. 이를 일상적인 단련을 통해 의식하지 않아도 항상 가능한 사람, 어떤 경우에도 감정의 고조나 침체를 하라에 담아두고 대처할 수 있는 사람은 '담력이 있는 사람', 인격이 연마된 '그릇이 큰 사람'으로 인정받았다.

현대 일본인 가운데 제하단전이라는 말을 아는 사람은 고작해야 20퍼센트 정도일 것이다. 그러나 전쟁 전에는 누구나 알고 있었던 말로, 메이지시대에는 사람의 평가를 담력의 유무로 결정하기도 했다.

죽을 각오를 하면 오히려 편해진다

2장에서 말했듯이 현대사회는 크고 작은 스트레스가 특히 많은 사회이다. 그러니 스트레스가 생길 때마다 반응하면 심신이 버틸 수 없다. 그러나 이런 스트레스도 일단 하라에 담아둘 수 있으면 힘들게 느껴지지 않는다. '죽기야 하겠어' 하는 기분으로 지낼 수 있다.

단, '담력'이라는 힘은 그 본질을 생각하기 시작하면 최종적으로는 결국 '죽을 각오'에 이르게 된다.

에도시대 중기인 1716년경, 히젠국(규슈 서북의 옛 지명) 사가 번의 무사 야마모토 조초가 구술한, 무사로서의 마음가짐을 정리한 《하가쿠레(葉隱)》라는 책이 있다.

여기에 '무사도란 죽음을 깨닫는 것'이라는 유명한 구절이 있다. 야마모토 조초가 이 말로 죽음을 미화해 무사들에게 죽음을 장려한 것은 아니다. 이 말은 다음과 같은 문장으로 이어진다.

생과 사 둘 중 하나를 선택해야 한다면 죽음을 택하면 된다. 아무것도 생각할 것 없다. 각오를 굳게 하고 돌진하라. (……) 자나 깨나 죽음을 염두에 두고 언제나 죽을 몸이 되어 있을 때 무사도의 각오가 몸에 배어 일생 동안 큰 탈 없이 무사로서의 책무를 다하게 된다.

인간은 자신의 생을 고집하면 거꾸로 많은 고민과 고통을 안게 된다. 그러나 앉아 있을 때나 누워 있을 때나 항상 '죽는다'는 각오로 일상을 살면 그런 고통에서 해방되며, 결과적으로 충실한 삶을 살 수 있다. 조초가 말하려 했던 것은 이런 의미이다.

《하가쿠레》가 쓰인 시대의 무사들은 임무에 실패해 주군을 욕되게 하면 논쟁할 필요 없이 할복해 스스로 목숨을 끊어야 했다. 그렇게 생과 사가 종이 한 장 차이로 존재하는 그들의 생활에서 죽을 각오를 의식하고 사는 것은 실제로 필요했다.

서양에서 역수입된 마음챙김

'죽는다'고 각오하면 삶에서 일어나는 어떤 일도 두려워할 필요가 없다. 언뜻 역설적인 것 같지만 현실에서도 그런 예는 볼 수 있다.

역사상 많은 예가 있지만 《헤이케 이야기》에 그려진 나스노 요이치(12세기 후반에 활약한 활의 달인)의 이야기가 가장 유명할 것이다. 요이치는 명궁으로, 미나모토 요시쓰네(헤이안 후기의 무장)와 함께 야시마 전투에서 다이라 가문에 맞서 싸운다. 이때 배 위의 부채를 쏘아보라는 적의 도발에 궁사로 지명받는다.

멀리 떨어진 배 위, 그것도 파도에 흔들리는 불안정한 과녁을 맞히기란 올림픽의 양궁 금메달리스트에게도 어려운 일일 것이다. 그러나 주군의 명을 받은 요이치는 그 어려운 일을 멋지게 성공시킨다.

그때 요이치는 신에게 "하치만 대보살이시여, 이 나라의 천지신명이시여, 닛코(日光)의 신령이시여, 그리고 고향 우쓰노미야, 나스의 유젠 신령이시여, 바라옵건대 저 부채 한가운데를 맞출 수 있게 해주옵소서. 만약 맞히지 못하면 활을 부러뜨리고 배를 갈라 두 번 다시 사람 얼굴을 대하지 않겠습니다. 고향 땅을 다시 밟게 해주실 생각이시면 이 화살이 빗나가지 않게 해주소서"라고 기도한다. 이처럼 죽을 각오를 하여 담력을 키워, 이후의 일에 마음을 내려놓는 정신문화는 헤이안 말기에도 이미 존재했다.

흥미로운 것은 《하가쿠레》에 나오는 고승은 "불교의 본래 목적은 '죽음의 공포'를 극복하는 것인데 그에 비해 무사도는 '죽음을 두려워하지 않는 것'에서 출발하기 때문에 처음부터 죽음의 공포를 극복한다. 무사의 미학에 비하면 불교는 조금 미덥지 못한 면이 있어서 무사에게 불도를 권해 겁쟁이로 만들어버려선 안 된다"는 취지의 말을 한다.

나는 삶과 정신을 관리하기 위한 기법으로 다양한 호흡법을 연구했는데, 가장 효과적이었던 것이 에도 중기의 스님인 하쿠인 선사가 전파한 단전호흡법이었다.

이 호흡법으로 숨을 천천히 길게 내쉬면 들뜨고 불안한 감각이 아래쪽으로 가라앉는다. 그렇게 하면 제하단전에 기가 많아져 냉정해질 수 있다. 머리가 맑아져 집중력도 유지할 수 있다.

전쟁 전의 일본에서는 차분하지 못한 아이에게 아버지가 "하라, 하라" 하고 야단치는 일이 평범한 모습이었다. 예전에는 이런 호흡법이 사람들에게 상식처럼 공유되었다는 뜻이기도 하다. 그런데 최근에는 비슷한 명상법이 '마음챙김(mindfulness)'이라는 이름으로 서양에서 유행하더니 동양으로 들어오고 있다.

이전에는 일상에서 행했던 호흡법이 도리어 서양에서 들어오고 있으니 아이러니하기도 하다. 신체에 대한 감각 문화가 이 정도로 쇠퇴했나 싶어 서글프기까지 하다.

독일인 철학자의 눈에 비친
일본의 하라 문화

1938년부터 1947년까지 일본에 머문 독일 철학자이자 심리학자 칼프리드 뒤르크하임은 당시까지 남아 있던 하라 문화의 좋은 관찰자였다. 그는 저서 《하라: 인간의 중심(Hara: The Vital Center of Man)》에서 하라가 없는 사람에게 내렸던 일본인의 일반적인 평가를 다음과 같이 열거한다.

하라가 없는 사람은 침착한 판단을 할 수 없다.
하라가 없는 사람은 쉽게 놀라고 신경질적이다.
하라가 없는 사람은 단선적이 되어 융통성이 없고 머리든 마음이든 굳어 있어서 의지처가 없다. 갑자기 심각한 상황에 처하면 완고히 자신을 지키기는커녕 목표 없이 행동한다.

그리고 그와는 대조적으로 하라가 있는 사람은 "마음에 유연성이 있어서 그때그때 상황에 맞게 침착하게 자신을 정돈해 행동하고, 주어진 상황에서 무엇을 해야 할지 안다"며 그런 '하라가 있는 사람'의 전형적 인물이 메이지 유신을 이끈 사이고 다카모리였다고 말한다.

배포가 큰 사람과 관련해서 일본인은 청탁병탄(清濁併吞)의 도량이라고도 말한다. 선악을 구별하지 않고 누구나 받아들인다는 의미인데 '받아들이다', 아니 그 이상으로 '누구나 환영하다'와 '누구에게나 어울리는 장소를 주다'는 뜻도 들어 있다.

전형적인 예로서 항상 사이고 다카모리의 이름이 오른다. 그는 하잘 것없는 사람에게 '자신의 지위'를 주는 것도, 그 사람에게서 배우는 것도 가능한 인물이었다. 그렇기 때문에 싫은 일이 생겨도 그것을 견

디기만 하는 것이 아니라 환영할 수 있었다. 그는 모든 것으로부터 무언가를 획득했다.

이익과 손해를 따지지 않는 담력

사이고 다카모리(1828~1877)는 전쟁 전까지 일본에 뿌리 깊었던 정치 파벌을 넘어 누구보다 배포가 큰 남자로 평가받는 인물이었다.

사이고의 공적 중 하나는 정부와 막부 간의 보신(戊辰)전쟁(1868년부터 1869년까지 메이지 정부와 옛 막부 세력이 벌인 내전)에서 에도에 불을 놓지 않고 무력 충돌도 없이 도쿠가와 가(家)를 항복시킨 에도성 무혈개성(無血開城)이다.

이 협상의 막부 측 책임자였던 가쓰 가이슈의 회고록《빙천청화(氷川淸話)》에 사이고에 대한 가쓰의 평이 자주 등장한다. 그중에서도 흥미로운 것은 가쓰가 젊은 히토미 야스시(후에 히토미 가쓰타로로 개명. 막부의 신하로 하코다테 전쟁에 참전, 유신 후 이바라키 현령, 도네 운하 사장 등 역임)로부터 사이고를 만나기 위한 소개장을 써달라고 부탁받았을 때의 에피소드다.

히토미가 가쓰의 소개장을 받고 싶었던 것은 막부의 적인 사이고를 암살하기 위해서였다. 가쓰는 히토미의 진의를 간파하고도 부탁대로 소개장을 써주었다.

다음 날 히토미가 사이고를 찾아가고, 그를 본 사이고의 측근 기리노 토시아키가 놀란다. 히토미의 심상치 않은 모습이 수상해 소개장을 살짝 펴보니 '이 남자가 당신을 찌르려 할 텐데 여하튼 만나주게'라는 가쓰의 전언이 쓰여 있었다. 그 사실을 알렸으나 사이고는 개의치 않고 히토미를 만나 이렇게 말했다.

> "내가 기치노스케(사이고의 어릴 적 이름)인데, 나는 천하의 대세 같은
> 어려운 말은 모른다. 들어보게. 요전에 오스미 쪽을 여행하던 중 배가
> 고파 참을 수 없어서 16문(文, 에도시대 가장 작은 화폐 단위)을 주고 감
> 자를 사 먹었는데 고작 16문으로 배를 채우는 기치노스케가 천하의
> 형세를 알 리 있겠나" 하고 입을 크게 벌려 웃었다.

　'죽인다'는 각오로 찾아왔지만 이렇게 개방적인 태도를 보인 사이고의 담력에 압도당했을 것이다. 결국 히토미는 사이고를 죽이지 못하고 떠났고 가쓰에게 "사이고는 실로 호쾌하다"고 감탄하여 말했다.
　사이고라면 당연히 이렇게 나오리라 예측하고 소개장을 써준 가쓰 역시 놀라운 인물인데, 그는 "사이고에게 필적할 수 없는 것은 그가 대담식(大膽識)과 대성의(大誠意)를 가졌기 때문이다"라고 평했다.
　'대성의'라는 말도 그렇지만, 담력과 식견을 나타내는 '대담식'은 이제는 잘 쓰지 않는 말이다. 이 말은 사이고가 '하라에서 나오는 지

성'을 갖추고 있었다는 의미로 보인다. 이 시대의 무사들은 입에서 나온 말은 신뢰하지 않고 하라에서 나온 말만 중시했다. 가쓰는 사이고야말로 하라에서 나온 말만 하는 인물이라고 평한 것이다.

에도 성을 내어주는 협상에서도 신정부 측의 사이고는 막부 측 대표인 가쓰의 말을 전적으로 신뢰해 혼자서 에도 성을 찾는다. 이를 본 가쓰는 '나도 이번 일을 처리하기 위해 어느 정도의 권모는 쓸 수 있다'고 생각했지만 결국 그 마음을 받아들이지 않을 수 없었다.

한편, 드디어 담판을 짓게 되자 사이고는 자신의 말을 전부 믿어달라고 했다. 그 사이에 어떤 의심도 갖지 않았다. "여러 어려운 일이 있겠지만 내 한 몸을 걸고 책임지겠습니다." 사이고의 이 한마디에 에도의 백만인이 생명과 재산을 지킬 수 있었고 도쿠가와 가도 멸망을 면하였다. 만일 다른 사람이었다면, 당신의 말은 자가당착이다, 언행불일치다, 많은 흉포한 무리들이 저 길의 곳곳에 모여 있는데 진심이 어디에 있느냐 하며 까다롭게 굴며 공격했을 것이 틀림없다. 만의 하나 잘못되면 담판은 바로 결렬이다. 그러나 사이고는 그런 촌스러운 짓은 하지 않는다. 대국을 달관한 모습과 과단성 있는 행동에 나도 감동했다.

가쓰를 필두로 막부 거물 모두가 인정하고 내심 존경하게 된 사이고의 담력, 그 정체는 무엇일까? 그것은 결국 그가 자신의 이해(利害)를 따지지 않았기 때문이다.

자신을 이기면 성공하고
자신을 사랑하면 실패한다

《서향남주옹유훈(西鄉南州翁遺訓)》은 사이고를 따르던 무사들이 생전 그의 말을 모은 것이다. 과묵했던 사이고의 사상을 현대에 전하는 귀중한 문헌이다. 이것을 읽으면 사이고가 '자신을 사랑하는 것'을 얼마나 금기시하고 스스로에게 엄격했는지 알 수 있다.

길이란 천지와 함께 자연에 갖춰진 것이므로 학문을 하는 목적은 자연을 존경하고 타인을 사랑하는 것에 두어야 하고, 정신수양을 하는데 있어서는 처음부터 끝까지 자신을 이기지 않으면 안 된다. 대체로 인간은 자신을 이겨야 성공하고, 자신을 사랑하면 실패한다.

자신을 사랑하는 것, 즉 자신만 좋으면 다른 사람은 어찌되든 좋다는 이기적인 마음은 가장 좋지 않다. 자신을 관리하지 못하는 것도, 사업이 성공하지 못하는 것도, 잘못을 고치지 못하는 것도, 자신의 공적을 자랑하고 싶어 하는 것도 전부 자기중심적인 마음에서 생겨나는 것으로, 절대 그런 이기적인 마음을 가져서는 안 된다.

사이고의 말에 내심 뜨끔한 사람도 많을 것이다. 직장인이나 사업가 중에도 성공을 맛본 후로는 초심을 잃고 지위에 연연하는 사람이 많다.

사업가의 경우, 사장 자리에 오래 있었던 사람이 퇴임 후 회장으로 남거나 실권을 장악하는 일이 빈번하다. 그러나 일반적으로 한 경영자가 너무 오랫동안 최상위 자리에 있으면 장점보다 단점이 많아진다.

경우에 따라서는 옛날에 시작해 성공했던 사업이 이제는 시대에 뒤떨어졌음을 알고도, 회장의 체면을 깎을 수 없다는 이유로 유지하다가 경영이 악화되기도 한다. 회사를 위해 임원이 존재하는 것이 아니라, 임원을 위해 회사가 존재하는, 주객전도의 상태인 것이다.

사이고는 "목숨도 필요 없고, 이름도 필요 없고, 관직도 돈도 필요 없는 자는 다루기가 힘든 법이다. 이런 자야말로 갖은 고난을 함께하며 국가의 대업을 이룰 수 있다"는 말도 남겼는데, 이런 사람을 다루기 힘든 이유는 제삼자가 지배할 방법이 없기 때문이다. 메이지유신 같은 개혁의 지도자는 이런 인물이 아니면 감당할 수 없었을 것이다.

사이고는 자신을 포함해 가족과 자손에게도 같은 자세를 유지했으니, 대단하다고 할 수 있다. 그는 "자손을 위해 옥답을 사지 않는다"는 유명한 한시를 남기기도 했다. 사이고는 이를 실행해 집안에 재산을 남기지 않았다.

그는 자신이 만든 메이지 정부를 상대로 세이난 전쟁(1877년 사이고 다카모리를 앞세워 신정부에 저항하기 위해 무사들이 일으킨 반란)을 일으키는

데, 6개월 만에 패하고 죽는다. 이 전쟁의 본질적 목적은 새로운 시대에서 갈 곳을 잃은 사족(이전의 무사계급)의 원통함을 책임지기 위해서였다는 것이 정설이다.

전쟁에서 사이고는 치명상을 입었고 사전에 약속한 대로 자결했다. 그의 인생에는 마지막까지 '나'가 들어갈 여지가 없었다.

담력을 어떻게 키울 것인가?

사이고의 담력은 타고난 것이 아니다. 어느 나이가 되어 정신을 차려보니 생긴 것도 아니다.

사쓰마 번 하급무사의 장남으로 태어난 사이고에게 처음으로 세상에 나갈 기회를 준 자는 막부 최고의 명군으로 불린 시마즈 나리아키라였다.

어릴 적부터 난학에 관심을 가져서 흑선내항(1853년 미국의 페리 제독이 이끄는 함선이 일본에 내항한 사건. 이때 미국 대통령의 국서가 막부에 전달되었고 이듬해 미일화친조약이 체결) 이전부터 서양식 조선(造船), 반사로, 용광로 건설에 착수하는 등 번의 근대화를 추진한 나리아키라는 신분에 상관없이 인재를 찾았고 사이고는 나리아키라의 비서로 발탁되었다. 나리아키라와 친밀하게 접할 수 있고 직접 가르침도 받을 수 있는 입장이 된 것이다.

사이고는 나리아키라로부터 서양의 최신 정보를 배웠고 후지타 도코(미토 번주로 도쿠가와 나리아키의 측근)와 하시모토 사나이(후쿠자와 유키치와 마찬가지로 오사카 데키주쿠에서 공부한 난학 의학자), 가쓰 가이슈 등 당시를 대표하는 지식인들이 그를 아꼈다.

나리아키라 역시 사이고를 적극적으로 써서 흑선내항 이후의 난국을 극복하고자 막부와 고산케, 교토의 귀족들에게 도움을 청한다.

주군 나리아키라와 친밀한 사이가 되어 번의 젊은 무사들의 리더가 된 사이고의 운명은 1858년 나리아키라가 급사하면서 악화된다. 나리아키라가 죽고서 사실상 사쓰마 번의 번주로 군림한 자는 나리아키라의 동생 시마즈 히사미쓰였다. 그러나 이전과 다른 막부에 융화적인 방침을 내세우는 히사미쓰에게 사이고의 존재는 골칫거리였다.

히사미쓰와의 갈등은 사이고를 여러 번 궁지로 내몰았다. 나리아키라 생전의 사쓰마 번에게는 은인이나 다름없는 근왕파 승려 겟쇼가 막부의 추적을 피해 번에 망명하기를 원했을 때 히사미쓰는 이를 거부하고 사이고에게 그를 죽이라고 명령한다. 사이고는 이러지도 저러지도 못하다 결국 겟쇼와 함께 바다에 몸을 던지는데 결과적으로 자신만 살아남아 아마미오시마에 유배된다.

이 유배는 사이고를 막부의 눈에서 멀어지게 하는 것이 목적이어서 어느 정도 자유로운 생활이 가능했다. 그러나 이후에 히사미쓰를 격노시켜 오키노에라부지마로 유배되었을 때는 죄인 신분으로 비바람도 피할 수 없는 감옥에 갇혔다. 목숨이 위태로울 정도로 건강을 잃는 등 고초를 겪고 가혹한 생활을 해야 했다.

《언지록》의 가르침이 피와 살이 되다

두 번의 유배는 사이고가 자신의 인격을 완성시키는 데 중요하게 작용했다.

옥중에서의 시간을 포함해 오키노에라부지마에서 보낸 일 년 반 동안 사이고는 유학자 사토 잇사이의 《언지사록(言志四錄)》을 수없이 반복해 읽었다. 잇사이는 쇼헤이자카 학문소의 유관(儒官, 유학으로 벼 슬한 사람)이었다. 사쿠마 쇼잔(개화 사상가)과 요코이 쇼난(일본의 유학자 이자 사상가)에게 가르침을 받은 에도시대 말기의 대유학자로 《언지사 록》은 잇사이가 42세 때부터 80세까지 쓴, 총 1133조로 이루어진 잠 언집이다.

그 일부를 인용하자.

자기를 잃으면 사람을 잃고, 사람을 잃으면 모두를 잃는다.

대장부는 다른 사람에게 기대는 일 없이 혼자 독립해 자신감을 갖고 행동하는 것이 중요하다.

사이고는 이런 말들을 애독하는 데 그치지 않고 특히 마음에 드는 것들을 골라 베껴 쓰면서 수없이 읽었다. 그렇게 하는 것으로 '명심'하여 육체와 혼의 일부로 새겨 넣었다.

사이고가 《언지사록》을 읽고 골라낸 구절에 자신의 주석을 더한 것이 현재 《남주수초언지록(南洲手抄言志錄)》(손으로 쓴 언지록이란 뜻)으로 남아 있다.

이 중에 "등불 하나를 들고 어두운 밤길을 간다. 어두운 밤을 무서워하지 마라. 오직 등불 하나에 의지하라"는 말이 있다. 이것은 밤길, 즉 사방이 막혀 희망이 보이지 않는 상황에서도 등불 하나만 있으면 두려워하지 않아도 된다는 의미다. 당시 사이고가 처했던 상황과도 맞아떨어진다. 그가 유배지에서 절망과 싸우며 얼마나 떨쳐 일어나려 했는지 알 수 있다.

그 후 사이고는 귀환을 명받고 사쓰마의 군대 및 정치 지도자로 복귀한다.

이후로는 알려진 대로 조슈 번과 동맹을 체결하면서 메이지유신이 급작스럽게 전개된다.

나는 그것이 가능했던 것도 사이고가 오키노에라부지마에서의 자기 수련으로 담력을 키웠기 때문이라고 생각한다.

'지·인·용' 중에서 용이 부족한 현대

공자는 《논어》에서 인간에게 가장 중요한 미덕으로 지(知)·인(仁)·용(勇) 삼덕(三德)을 들며 "지혜로운 사람은 미혹되지 않고, 어진 사람은 근심하지 않고, 용기 있는 자는 두려워하지 않는다"고 했다.

지와 용은 현대의 지성(판단력)과 용기(행동력), 인은 온화함(참됨)이라고 생각하면 된다.

논어의 영향을 받은 일본에서도 '지인용' 삼덕을 갖춰야 비로소 균형 잡힌 인격이라고 생각하는데, 《남주수초언지록》의 백 번째 잠언이 지인용에 관한 내용인 것을 보면 사이고 역시 그렇게 생각했음을 알 수 있다.

> 지인용에 대해 많은 사람들이 '큰 덕이니까 모두 바라는 것은 어렵다'고 말한다. 그렇지만 한 마을을 책임지는 자는 백성과 가까이하는 것이 본래의 직무이므로 숨겨진 일을 조사해 바로잡는 지와 고아와 과부를 가엾게 여기는 인, 간악한 자를 누르는 용을 갖추어야 한다. 이것들이 삼덕의 실제 예다. 이처럼 실제 상황에 시도해 실행하면 그것으로 족하다.

지성이 있어도 사람에 대해 따뜻함이 없는 자, 일을 결단하고 실행하는 용기가 없는 자가 사람 위에 서서는 안 된다. 이것은 오늘날에도 마찬가지다. 단, 나는 대학에서 20년 넘게 학생을 지도한 경험에서 지금의 사람에게는 지인용 가운데 용의 자질이 크게 부족하다고 실감한다.

특히 학생에게 발표를 시켰을 때 그렇다. 강의에서 다룬 과제에 대해 백여 명의 학생들 앞에서 15초 정도 말하는 발표인데, 처음에는 아무도 손을 들지 않는다. 어렵게 나온 사람도 발표 후에 감상을 물어보면 "긴장해서 다리가 후들거렸다"고 말한다. 만일 시간여행으로 그들을 막부 말기의 일본에 던져놓으면 막부를 쓰러뜨릴 인물은 되지 못할 것이다.

오늘날의 청년은 심성이 고와서 타인에게 무례한 짓을 하거나 배려 없는 행동을 하지 않는다. 그런 의미에서 인은 어느 정도 갖췄다고 할 수 있다.

물론 지에 관해서는 개선할 부분이 많지만 이것도 자극을 주면 확실하게 성장한다. 그렇게 생각하면 가장 어려운 것이 역시 용이다.

실제로 학생들에게 공자의 삼덕을 설명한 다음 "세 가지 덕 가운데 자신에게 가장 부족한 것, 필요한 것은 무엇인가?"라고 물으면 대부분 용을 꼽는다.

과묵한 사이고 다카모리는 불필요한 말을 하지 않는 사람이어서 오늘날의 프레젠테이션은 분명 좋아하지 않았을 것이다. 하지만 무언가를 말해야 하는 상황이라고 판단했을 때는 간결하고도 강렬한 말을 남기는 인물이다.

사람은 자신을 지키고 싶고 창피당하기 싫다는 생각이 들면 괜히 벌벌 떨면서 하지 않아도 될 말을 한다. 그러나 자신에 대한 집착을 버리면 창피 따위는 상관없다. 사이고가 언제나 태연자약할 수 있었던 것은 '천지에 순종'한다고 결심했기 때문이다.

'지·정·의'에 대응하는 신체 부위

논어의 지·인·용과 같은 개념이 서양에도 있다. 바로 지(知)·정(情)·의(意)로, 인간의 신체에는 이것들에 대응하는 부위가 있다는 것이 나의 오랜 지론이다.

상단전은 양쪽 눈썹 사이 약간 위쪽에 있다. 인도나 네팔 사람은 미간에 붉은색의 동그란 점을 찍는데, 거기에 '제3의 눈'이 있다고 생각하기 때문이다. 실제로 그곳은 전전두엽이 위치하는 곳이라서 지성이 새로운 눈을 뜨게 한다고 생각한 고대 인도인의 통찰력에 놀라지 않을 수 없다.

중단전은 가슴 중심, 심장 가까이에 있다. 감정은 가슴에서 생긴다는 감각은 동서양 공통인 모양이다. 영어에서도 심장을 '하트'라 하고 거기에 애정과 배려가 깃들어 있다고 생각한다. 일본에서도 오래전 이즈미 시키부(헤이안 시대의 여류 시인)가 연정은 가슴을 뚫고 나와 반딧불이에 실려 옮겨진다고 노래했다.

배꼽 아래의 하단전, 즉 제하단전에 용기와 의지의 힘이 깃들었다고 일본인들은 믿는다. 최근 뇌에 대한 관심이 높아진 탓인지, 인간의 감정이 뇌의 명령을 받는 호르몬에 의해 좌우된다는 뇌일원론적 사고가 퍼지고 있다. 하지만 전문가인 뇌과학자 중에는 그런 견해를 가진 사람이 거의 없다.

해부학자이자 곤충연구가인 요로 다케시, 도쿄대 뇌과학자 이케가야 유지 등 많은 뇌과학자를 직접 만나 견해를 들어보면 하나같이 입을 모아 말하는 것이 '신체의 중요성'이다. 우리 뇌의 활동은 신체로 규정되는 것이 아닐까 하는 사람도 있을 정도다.

예를 들어 돌고래는 크기로 따지면 인간보다 훨씬 큰 뇌를 갖고 있다. 뇌의 크기에 따라 지적 수준이 정해진다면 돌고래는 인간보다 똑똑해야 할 텐데 인간만큼 지성이 발달하지 않았다.

그 이유로서 돌고래에게는 인간이 가진 손이 없기 때문이라는 가설이 제기되고 있다. 인류는 진화 과정에서 물건을 움켜쥐거나 손가락으로 집는 복잡한 동작을 할 수 있는, 외부 세계에 영향을 주는 손을 획득했다. 지금 인류가 갖고 있는 지성은 그 결과로서 획득되었을 수 있다는 주장이다.

내가 '제하단전으로 생각한다'고 말할 경우, 그것은 인간의 배꼽 아래에 뇌세포 같은 기관이 있어서 뇌와 같은 사고를 한다는 의미가 아니다. 제하단전에 기를 집중시켜 단련하면 결과적으로 마음이 차분해지고 뇌도 충분히 활동한다는 뜻이다.

'지·정·의·체' 사위일체로 인식해본다

나는 지·인·용이 각각 상단전, 중단전, 하단전에 대응한다는 점을 좀 더 사실적으로 이해할 수 있는 동작을 생각해보았다.

먼저 지는, 한손으로 미간 약간 위쪽에 있는 제3의 눈 위치를 누른다. 일로 스트레스를 받을 때는 이렇게 전두엽, 특히 앞쪽 뇌인 전전두엽을 자극해 스트레스를 가라앉혀 보자.

평소에 이성이 너무 앞서서 정이 없는 말과 행동을 한다고 느끼면 가슴에 손을 대고 생각해보자.

행동을 해야 하는데 용기가 나지 않을 때는 손을 배꼽 아래 제하단전에 대고 기를 모은다고 의식하면 머리가 맑아진다. 그러면 미래에 대한 두려움이나 자신을 우선하는 생각에서 조금은 해방될 수 있다.

지·정·의든 지·인·용이든 자신과는 상관없는, 둥실둥실 떠 있는 실체 없는 개념처럼 느껴질 것이다. 그러나 실제로 자신의 몸 부위에 손을 대면 신기하게도 지성은 이마 안쪽, 감정은 가슴, 의지는 배꼽 아래 있다는 실감이 든다. 이것이 신체감각의 강점이다.

지·정·의가 각각 상단전, 중단전, 하단전이라는 신체감각에 대응한다는 것에서 한 단계 발전시켜 또 하나 인간에게 필요한 덕목인 '체(體)'가 있다. 삼위일체가 아니라 지·정·의·체 사위일체로 인식해야 한다.

지·정·의에 신체를 더해 지·정·의·체가 되면 신체의 중요성을 좀 더 의식하기 쉽다. 우리의 신체가 세계에 대해 열려 있어야 지·정·의도 발휘될 수 있다.

하늘을 내 편으로 만들기 위해서는

예부터 '기(氣)'라는 말은 다양한 상황에서 사용되었다. 화가 나거나 이성을 잃을 때는 '상기(上氣)'했다 하고, 건강 상태를 '원기(元氣)'라 하고 병의 기운을 '병기(病氣)'라고 한 것도 자신의 몸에서 기가 어떻게 움직이는지 예민하게 감지했기 때문이다.

사이고는 '하늘을 공경한다'를 좌우명으로 삼고 천지에 부끄럼 없는 삶을 살고자 했다. 커다란 의지와 참된 모습으로 하늘과 일체화되기를 바랐던 것도 근본적으로 인간의 기가 천지와 이어졌다고 생각했기 때문이다.

> 길이란 천지자연의 것으로, 사람은 이를 따라서 가야 하기 때문에 무엇보다 천지자연을 공경하는 것을 목적으로 해야 한다. 천지자연은 타인도 자신도 평등하게 사랑하므로 자신을 사랑하는 마음으로 타인을 사랑해야 한다.

사람을 상대로 하지 말고 천지자연을 상대하려고 노력하라. 하늘을 상대로 자신의 성의를 다하며 절대 사람을 비난하지 말고 자신의 진심이 부족함을 반성하라.

하늘이 보고 있으니 하늘에 부끄럽지 않게 산다. 그것으로 하늘을 내 편으로 만든다. 이는 사이고에게 지극히 자연스러운 이치였다. 오늘날에 하늘을 감안하고 사는 사람이 얼마나 될까?

현대인이 사이고의 삶을 이해하기란 어렵다. 공감도 어려울 수 있다. 하지만 사이고의 담력을 배운다는 것의 의미는 결코 적지 않다. 특히 자신이 이루고자 하는 목표가 있거나 무리에서 독립하기를 원한다면 행동력이 중요하다.

난국에 처할수록 사이고처럼 냉정하게 행동할 수 있어야 한다. 그러기 위해서는 기력을 가지고 판단할 수 있어야 한다.

의식적으로 제하단전에 기력을 모으면 행동력과 활력을 키우는 데 도움이 될 것이다.

스트레스 내성을 키우는 요복 문화

일본인은 옛날부터 허리와 배를 중심으로 한 문화를 만들어왔다.

노(能, 일본 전통 가면무극), 가부키, 일본무용을 비롯해 무술도 기본적으로는 허리와 배의 힘을 키우는 것이 중요한 신체 문화다. 예전에 나는 일본 본래의 문화를 허리와 배의 문화라는 뜻의 '요복(腰腹) 문화'라 이름 붙이기도 했다.

이는 신체 문화인 동시에 정신 문화이기도 하다. 허리와 배에 인간의 중심이 있다는 인간관이다. 몸의 축이 흔들리지 않는다는 것은 마음도 흔들리지 않는다는 의미를 지닌다.

이런 특징의 요복 문화를 만든 일본인이 전후 70년이 지난 지금에는 마음챙김이라는 외래의 명상 기법을 역수입하고 있다. 그만큼 신체 문화와 멀어졌고 여기에는 패전의 영향도 있다. 전쟁 전의 도덕 교과인 수신(修身)은 유교의 영향을 받은 것이라서, 전쟁 후 학교 교육에서 《논어》가 배제되면서 사라졌다.

공연히 일본이 전체주의에 빠진 것을 《논어》 탓으로 돌린다면 그것은 어불성설이다. 《논어》는 일본이 전체주의에 빠지기 훨씬 전인 2500년 전에 쓰인 서적이고, 공자가 이것을 쓴 목적도 전쟁을 막기 위해서였다. 제하단전도 헤이안시대에 이미 널리 알려진 것이다.

현대인은 스트레스가 많다. 그러나 옛사람들도 스트레스가 없었던 것은 아니다. 굶주림과 전쟁으로 인해 더욱 가혹한 환경에서 살아야 했다. 이전 시대의 사람들이 스트레스가 적었다고는 할 수 없다.

그렇게 생각하면 스트레스의 양을 떠나 스트레스에 대한 내성 자체는 예전보다 약해졌다고도 할 수 있다. 이는 잃어버린 정신 문화와 신체 문화와도 관련이 있다. 그것을 다시 떠올려 신체에 배어든 지성으로 자리매김할 필요가 있다.

4장 | 자아를 해방시키는 **지성**

남의 생각을 빌리지 않고
자기 머리로 생각한다는 것은?

매사에 스스로 생각할 수 있어야 진정한 지성을 갖춘 사람이다. 근대 일본에서는 메이지 이후 수입된 서양 지식을 소개하고 알기 쉽게 설명하는 사람을 '지식인'이라 불렀다. 박식하면 '지성이 있다'고 여긴 것이다. 물론 지식인 덕분에 많은 서양의 개념을 알 수 있었고 그 결과로 문화가 발전할 수 있었다.

그러나 '지성이란 무엇인가?'를 생각할 때, 단순히 새로운 지식을 오른쪽에서 왼쪽으로 받아넘기기만 하는 것으로는 '지성이 있다'고 할 수 없다. 지성은 '매사에 스스로 생각할 수 있는 힘' 즉 '살아가는 힘'이기 때문이다.

아무리 지식이 풍부해도 이론만 앞서면 유사시에 우왕좌왕하다 끝난다. 특히 지금처럼 불안정한 시대에 사람은 살아가는 힘이 될 무언가를 갖고 싶어 한다. 어떤 상황에서도 자신의 머리와 몸을 사용해 생각하고 행동할 수 있는 것이 지성인의 모습이다.

그런 관점에서 일본의 근대사를 돌아본다. 가령 나쓰메 소세키는 영문학 세계에서 자신의 다리로 서려고 했다. 그러나 영문학은 어쩔 수 없이 영국인이 앞설 수밖에 없으며 독자적인 길을 개척하기도 어려웠다. 그렇다면 철학의 세계는 어떨까? 철학에서는 니시다 기타로(1870~1945)가 일본 근대철학을 창시해 자신의 두 발로 섰다고 할 수 있다.

니시다의 저서 《선의 연구(善の研究)》는 전통적인 서양철학 이론에 준해서 쓴 책이다. 그는 서양철학의 원서를 읽고 공부한 상태에서 '세계를 어떻게 인식할까'에 대해 자신의 말로 나타냈다. 철학 해설서가 아니라 철학자로서 자신의 이름을 처음 알린 것이다. 혼자 메이저리그에 밀고 들어가 기록을 세운 노모 히데오 선수 같은 획기적인 존재인 것이다.

자신이 배제되는 순간 감동이 찾아온다

《선의 연구》는 단적으로 말하면 '주객미분(主客未分)의 경지'를 근원적 실재(實在)로 두고 있다. 우리는 생활 속에서 '나'라고 하는 주체가 확실하게 존재하고 '대상'이라는 객체가 있다고 생각한다. 그렇게 인식하는 자체를 의심하지 않는다.

그러나 니시다는 그렇지 않다고 말한다. 나와 대상이라는 관계의 근본에는 주객이 나뉘지 않은 '순수경험'이 있다. 그것을 니시다는 《선의 연구》에서 선언했다.

어려운 말처럼 들릴 텐데, 사실 그렇지도 않다. 예를 들어 반짝이는 별을 보고 아름다운 별빛에 감동했을 때 '나는 별을 보고 있다. 내가 별을 인식한다'고 굳이 나와 대상을 구분하지 않는다. 오히려 자신과 별이 하나가 된 일체감을 느낄 것이다. 자신이 배제되는 순간에 찾아오는 감동이 있다는 것이다.

오히려 자의식이 있으면 '자신이 그것을 보고 있다'는 식으로 어쩔 수 없이 '자신'이 남기 때문에 세계로 깊이 들어갈 수 없다. 영화 〈의리 없는 전쟁〉(전후 히로시마에서 벌어지는 야쿠자들의 싸움을 그린 시리즈물), 〈대부〉를 본 사람은 영화관을 나오면서 히로시마 사투리로 말하거나 마피아의 행동거지를 따라 한다는 이야기를 들은 적이 있다. 그런 현상이 일어나는 것은 '자신이 영화를 보고 있다'고 인식하기보다 영화의 세계로 깊이 들어갔기 때문이다.

그것이 니시다의 기본적인 사고방식이다. '내가 대상을 인식한다는 식으로 세계는 나뉘어 있지 않다. 그 이전의 순수경험이란 것이 있지 않을까?' 이는 니시다가 몰두했던 좌선 체험에서 얻은 관점이라고 생각한다.

선(禪) 수행은 자의식을 배제하는 수련이다. '내가 무엇을 한다' 할 때의 '내가'를 전부 없앤다. 그러면 '내가 호흡한다'가 아니라 호흡 자체가 되어간다. 좌선에서 숨을 들이쉬고 내쉬는 호흡에 집중해 숨 자체가 되는 것이다. 선이란 일종의 무(無)의 경지를 신체가 받아들이는 수행이라고 할 수 있다.

일상에서는 '내가 무엇을 하다'는 의식을 갖는 것이 보통이라서 상대적으로 선 수행을 특이한 수련으로 생각할 수 있다. 그런데 우리가 당연하게 느끼는 '내가 무엇을 하다'는 자의식은 말하자면 책의 본문 뒤에 이어지는 후기 같은 것으로, 사실은 그 행위를 할 때의 자신은 없기도 하다. 선에서는 그렇게 본다.

운동을 하면 '내가 없는' 체험을 할 수 있다. 테니스 시합 중에 '내가 공을 친다'는 의식적인 행위를 하려고 하면 공의 속도를 따라갈 수 없다. 팔다리의 움직임과 하나가 되어야 할 때 '내가 무엇을 한다'는 느긋한 의식이 개입할 틈이 없다. 오히려 상대 선수의 움직임을 포함해 큰 흐름으로서 경기 전체를 느낄 때 좋은 경기를 할 수 있다.

음악도 마찬가지다. 연주자는 음표 하나하나를 의식해 '내가 연주를 하고 있다'는 느낌이 아니라 음과 음 '사이'를 살고 있다고 느낄 것이다. 이러한 '내가 없는' 체험에서는 '사이'도 흥미로운 현상이다. 정신병리학자 기무라 빈은 오랫동안 '사이(間)'를 주제로 연구했다. 그는 [비가 온다]가 아니라 ['비가 온다'라는 것]으로 인식한다.

즉, 비라고 하는 '객관적 지각 대상'이 아니라 비가 오고 있다는 '상태'를 중심으로 보는 것이다. 니시다의 사고방식에서는 그것이 주체미분의 실재성, 즉 순수경험을 보는 것이 된다.

자타의 경계가 사라지는 순수경험

순수경험은 의외로 알기 쉬운 개념이다.

우리는 '내가'라고 말하지 않고 주어를 소거해 대화하는 경향이 있다. 손님에게 차를 낼 때 "차가 준비됐다"고 하지 "내가 당신을 위해

차를 끓였다"고는 말하지 않는다. 사람이 차를 끓인 것인데도 마치 차가 저절로 혼자 나타난 것처럼 "차가 준비됐다"고 한다.

'저절로'라는 점에서 말하면 날씨와 기분도 그렇다. 날씨가 나쁘면 어쩔 수 없이 기분도 답답하고 날씨가 좋을 때는 기분도 상쾌하다.

요컨대 우리의 현실은 주체와 객체가 그다지 명확히 구분되어 있지 않다. 그것이 실재성이다. 이렇게 말하면 그런 것 같다고 고개를 끄덕이는 사람도 많을 텐데, 그 정도로 자타는 명확히 나뉘어 있지 않다.

니시다도 《선의 연구》에서 그런 자신과 타인을 명확히 나눌 수 없는 어려움에 대해 능동과 수동이라는 관점에서 언급한다. 그러면서 양자는 '명확히 나뉘어 있지 않다'고 한다.

무슨 말일까? 예전에 지압을 연구한 경험이 있으니 지압을 예로 들어 설명해보겠다. 알맞은 압력으로 지압을 하면 상대의 몸을 누르는 동시에 밀쳐지는 느낌을 받는다. 상대와의 일체화가 일어나서 안쪽으로 깊이 침투하는 감각이 생긴다. 반대로 압력이 맞지 않거나 다른 요인으로 지압이 잘 들어가지 않을 때는 자신이 상대를 누르는 것처럼 빡빡하게 밀어 넣는 느낌이 강하다. 그럴 때는 상대의 몸과 일체화할 수 없다.

노련한 지압가의 지압은 자신이 누르는 동시에 밀쳐진다는 수동적인 감각을 느끼면서 이루어진다. 그렇게 되면 상대의 몸이 자신의 손 움직임을 읽어 오히려 '따라가는' 상태가 된다.

적극적인 동시에 능동적으로 '내가 당신을 누르는 것'이 아니라 상대의 몸을 따라 손이 움직인다. 그것을 나는 '적극적 수동'이라고 한다. 여기서는 능동이니 수동이니 하는 구별 자체가 의미를 갖지 않는다. 어떤 의미에서 이것은 오늘날의 생활양식에 이상적인 자세가 될 수도 있다.

일에서 영업직은 중요한 위치에 있다. 자신이 팔고 싶은 상품을 고객이 사게 만드는 직종이다. 능력 있는 세일즈맨은 '물건을 판다'는 자세를 갖지 않는다. 상대와 가까워져서 공감을 표하고, 그 결과로 상품이 팔리는 현상이 일어난다.

물론 이런 일은 니시다가 주객미분이라고 가정한 상황은 아니다. 하지만 일에서의 관계성을 주객미분의 시점으로 보면 새로운 발견을 할 수 있다.

일을 할 때 상대와 깊은 공감을 나눌 수 있는 사람은 강한 관계성을 만들어낸다. 즉 우리는 물건을 사는 것 같지만 사실은 상대와의 관계성을 사는 것이다. 그런 신뢰가 생기고 허물없는 분위기가 만들어질 때 하나가 됨을 느낀다. 그런 때 자타의 경계선은 희미해진다.

장소가 관계를 성립시킨다

우리는 마음 어딘가에서 '자신'이라는 의식에서 벗어나기를 바란다. 그런 욕망의 발로가 엑스터시(ecstasy)다. '탈자(脫自)' 혹은 '황홀'이라고도 한다. 자신이라는 의식의 껍질을 벗어던지는 체험은 인간에게 강렬한 쾌감을 준다.

성적 체험에서 찾아오는 엑스터시는 자신이 없어지고 상대에게 녹아드는 감각을 준다. 자신이 사라지는 것을 바라는 것은, 자신이 사라져 세계와 이어지는 감각에서 큰 희열을 느끼기 때문이다.

그것이 살아 있다는 증거, 즉 생(生)의 감각이다.

라이브 공연의 체험도 마찬가지다. 시디 판매가 감소하는 반면 라이브 공연을 중심으로 활동하는 뮤지션이 늘고 있다. 생음악의 매력은 무엇보다 한 번뿐인 체험을 할 수 있다는 데 있다. 거기에 매력을 느끼는 사람들이 늘고 있다.

그 배경에는 발터 벤야민이 말하는 '복제문화'가 있다. 주위를 둘러보면 음악이든 영상이든 언제나 재생 가능한 미디어로 가득하다.

그러나 우리는 '언제든 같은 경험을 할 수 있다'는 것에 부자연스러움을 느끼기도 한다. 그렇기 때문에 '일회성이야말로 진짜 가치가 있다'고 이해하기 시작한 것이 아닐까.

라이브 공연장에 슬픈 음악이 흐르면 모두의 마음에 비슷한 감정이 일며 슬픔이라는 분위기를 만들어낸다. 슬픔에 대한 각자의 체험은 달라도 슬픔이라는 공통점이 있어서 그것이 퍼지는 장소가 생겨난다.

니시다는 순수경험으로부터 '장소'라는 개념을 전개한다.

장소가 있고, 거기서 주객이 나타난다. 여기서 말하는 '장소'는 물리적 공간이 아니다. 마음에 감흥을 불러일으키는 그 순간의 '분위기'라고 보면 이해가 쉬울 것이다.

관계성의 근저에는 분위기가 있다. 그리고 그것으로 나와 상대가 이어진다. 그렇게 분위기는 우리의 모습에 영향을 미친다. 이것은 누구나 짐작할 수 있는 부분이다.

학생 시절을 떠올려보자. 반마다 분위기가 다르다. 거기에 선생님이 들어오면 다시 공기에 변화가 생긴다. 개개인에 대해서만 이렇다 저렇다 할 것이 아닌 그 자리 전체의 공기라는 것이 분명 있다. 니시다가 말하는 '장소'는 이보다 더 추상적이다. 장소는 관계성에 선행하며, 보다 근원적 존재이기도 하다.

우리는 공기를 읽는다. 즉 분위기를 읽으면서 다음 행동을 결정한다. 그래서 상황에 맞게 자신을 바꿀 수 있다. 분위기에 맞추려 할 때의 나는 그 분위기의 힘에 좌우되어 나타나는 자신이다. 사람마다 차이는 있지만 장소와 상대, 관계성에 따라 자신의 모습이 많든 적든 달라진다.

물론 어디에서든 자신만의 확고한 개성을 보이려는 사람도 있다. 하지만 그런 사람 역시 상대와의 관계성이 달라지면 자신도 달라진다. 그 관계성은 타인과 내가 이루고 있는 '장소'에 영향을 받는다. 근원적으로 장소가 있어야 지금 이 순간의 자기와 타인이 생성되는 것이다.

'나'보다 더 깊은 실재로 내려가 보자

생각을 원시 인류로 거슬러 올라가 보자. 그때는 자신과 타인이 구별되지 않았고 집단의식이 생활을 유지하는 중요한 힘이 되었을 것이다. 그렇게 생각하면 알타미라 동굴 벽화에 개인의 표식 같은 것이 없는 것도 수긍이 간다. 큰 동물에 대한 두려움, 그것을 사냥하는 행위의 숭고함, 사냥에 관계하는 집단으로서의 일체감이라는, 개인으로 환원될 수 없는 종교적 생각이 공유되어 그려진 것이 아닐까?

태곳적 공동체에서는 집합의식에 따라 행동하고 살아갔다. 그것을 수만 년간 반복해오는 동안 데카르트가 제시한 '나는 생각한다. 그러므로 나는 존재한다'는 개별의식은 그다지 중요하지 않았을 것이다. 오랫동안 인류를 움직이게 한 의식은 자타가 하나가 된 화합이다. 그렇지 않으면 공동으로 사냥할 수 없었다.

수렵을 축구에 비유하면, 공을 독점하는 자기중심적 플레이는 팀의 흐름을 끊어 승리를 어렵게 만든다. 그 점에서는 스페인 프로축구팀 FC 바르셀로나의 대처가 인상적이다. 그들은 '론도'라는 훈련법을 쓰고 있다. 선수들이 둥그렇게 둘러싸면 그 안에 패스를 차단하는 선수가 두 명 들어간다. 선수들은 그들에게 공을 빼앗기지 않도록 패스를 이어간다. 조금이라도 망설이면 제대로 패스할 수 없다. 순간적으로 코스를 보는 힘을 키우는 연습이다.

꾸준히 론도를 연습해온 선수에게는 '내가 좋은 플레이를 하고 싶다'는 자의식이 불필요해진다. 순간적으로 최적의 패스 코스가 보이는 능력이 발휘될 때 그 행위는 능동이냐 수동이냐 하는 범주를 뛰어넘는다. 개인의 의식이 아니라 전체가 하나의 생명체처럼 움직인다. 그럴 때 우리는 개인을 넘어 전체에 녹아드는 쾌감을 맛본다.

'나는 생각한다. 그러므로 나는 존재한다'처럼 자의식을 확립하는 것도 지성이다. 그러나 니시다는 '나'보다 더욱 깊은, 현상계의 바닥에 있는 실재(實在)로 내려가 보지 않겠냐고 말한다.

자신은 주(主)가 아니다. 자신과 세계는 나뉘어 있지 않다. 니시다는 그것을 참선으로 체험했다. 몸으로 느낀 것을 그는 이론으로 확립해갔다. 그에게서 배울 지성의 한 부분이기도 하다.

어중간한 자의식 때문에
진심으로 즐기지 못한다

전체라는 커다란 존재와 일체화할 때, 인간은 행복을 맛본다.

인간은 혼자서는 온전히 행복해질 수 없고, 자신 외의 다른 것과 이어졌을 때 행복감을 느끼는 존재다. 그 순수한 발로가 종교적 감정이다.

근원적 존재에 자신이 녹아들어 사라지고 해방될 때, '일즉다'(一卽多, 하나 속에 우주 만물이 있다는 의미)처럼 커다란 것과 개별적인 것의 일체화가 찾아온다. 인도의 우파니샤드 철학에서 말하는 브라만(Brahman)과 아트만(Atman)의 일치다. 한자로는 범아일여(梵我一如)라고 한다.

브라만(범)은 우주 전체를 관장하는 존재이고 아트만(아)은 작고 하찮은 자신이다. 이 둘의 일치는 여러 종교가 추구하는 목표이기도 하다.

일본인은 그 큰 것을 자연에서 찾는다. 후지산을 영봉으로 숭배하며 신앙의 대상으로 삼았다. 인간의 힘으로는 만들 수 없는 커다란 존재를 모심으로써 거기에 자신이 녹아들어 힘을 얻는다. 인격신을 근간으로 하는 서양 종교와는 다르지만 커다란 존재와 이어진다는 종교적 감정은 확실히 존재한다.

그런 일체화 감각을 얻을 수 있는 발상을 일상에서 실천해보는 것도 자의식보다 더 깊은 곳에 있는 실재성에 다가가는 지성적 행위다.

예를 들어 탁구를 치는 사람은 리듬을 타며 공을 받아치면서 자신이 해방된 듯한 느낌을 받는다. 리듬으로 자타가 이어지는 감각이다. 종교적 감정을 고상한 차원으로만 생각한다면 탁구와는 연결해 생각하기 어려울 것이다. 그러나 탁구로 자신이 해방되는 감각을 느꼈다면 그것은 독일 철학자 오이겐 헤리겔(Eugen Herrigel)이 《활쏘기의 선(Zen in der Kunst des Bogenschiessens)》에서 나타내고자 했던 '커다란 존재'와의 일체화와 같다.

헤리겔은 일본 궁도의 명인 아와 겐조로부터 거듭 '자신에게서 멀어져라. 화살은 혼자 날아가는 것이지 당신이 활을 쏘는 것이 아니다'라는 주의를 받는다..

헤리겔은 활을 잘 쏘고 싶고 '과녁을 맞추고 싶다'고 생각한다. 아와는 "당신이 애를 쓴다는 사실, 그에 대해 생각을 한다는 사실이 바로 문제입니다"라고 말한다. 그리고 "다른 일은 전혀 생각할 필요가 없으니, 오직 숨 쉬기에만 정신을 집중하십시오!" 하고 타이른다. 어느 날 헤리겔이 화살을 쐈을 때 아야는 예를 표하며 이렇게 말한다. "방금 마침내 화살이 당신의 한가운데를 뚫고 지나갔습니다."

요컨대 당신이 활을 쏜 것이 아니라 당신 밖의 커다란 존재가 활을 당겼다. '당신은 그 경지에 이르렀다'는 의미에서 아야가 인사를 한 것이다. 자신에서 벗어나는 것이 궁도의 최종 목적이다. 그래서 발사가 잘됐다 혹은 발사가 잘못됐다는 것 자체를 말하지 않는다. 자신을 떠나 자신과 과녁이 하나가 되었을 때 결과적으로 명중이라는 현상이 일어나기 때문이다.

자기에서 벗어나 커다란 존재와 일체화해 살면 감동이 많아진다.

세상에 태어나길 잘했다고 생각하는 경험도 늘어난다. 만일 삶을 진심으로 즐기지 못한다면, 과잉된 자의식이 지성의 단련을 훼방하고 있을 수 있다.

무조건 논리만 앞세워 고집하는 시기가 있다 해도 그것이 발달 단계의 한 과정이라면 상관없다. 그것을 뛰어넘어 자신을 해방하는 연

숩에 들어가면 보다 커다란 세계를 느끼는 경지에 이를 수 있다. 그것이 인간만이 가질 수 있는, 인간으로 사는 묘미가 아닐까?

동물은 자타가 구분되지 않는 세계를 산다. 인간과 같은 자의식이 없다. 인간은 엑스터시의 체험으로 자의식을 뛰어넘고자 하면서도 자의식 없는 인생에 허전함을 느낀다.

그도 그럴 것이 인간은 높은 인식력을 가지고 있어 어쩔 수 없이 세계를 나눠버리기 때문이다.

자타로 구분된 세계를 즐기면서 구분된 세계로부터 '커다란 존재'와의 일체화를 향해 자신을 해방시킨다. 그런 시도는 지성적인 행위라고 할 수 있다.

단, 커다란 존재를 향한 자기 해방이 항상 좋은 것만은 아니다. 히틀러 같은 파시스트가 그 자리의 분위기를 고조시키면 '그렇다'고 찬성해 흘러가는 경우도 있다. 역시 지성은 전체주의적 공기에 휩쓸리는 것을 막을 수 있어야 한다.

지성을 가졌다면 단순히 전체와의 일체화를 향한 공기만을 즐겨서는 안 된다. 그것은 지성이 부족한 상태다. 지성이란 전체에 쏠려가지 않는 거점이며 생명력을 퍼 올릴 수 있는 샘이다. 그리고 자기 내부의 감각과 대조해 가치를 판단할 수 있는 힘이다.

'행위적 직관'—나는 행위하기 때문에
나로서 존재한다

세계에 매몰되는 것은 지성이 아니다. 니시다는 후에 '행위적 직관'이라는 생각을 펼쳐 보이는데, 《논리와 생명(論理と生命)》에서 행위적 직관에 대해 이렇게 말한다.

"우리가 행위적으로 직관한다고 말할 때 우리의 자기(自己)가 없어지는 것이 아니다. 오히려 자기는 진짜로 살아 있다."

무슨 말일까? 예를 들어 조리사가 빠른 속도로 양배추를 썬다고 하자. 그때 '내가 주방 칼로 양배추를 썬다'고 일일이 생각하지는 않는다. 그저 써는 행위를 하는 것뿐이다. 혹은 과수원 주인이 과일을 손에 쥔 순간 '단지 어떤지' 알 수 있는 것도 행위적 직관이다. 이런 행위적 직관이 둔감하면 논리라는 것에 에너지를 쏟게 된다. 그래서는 세상을 사는 재미도 줄어든다.

살아가는 유쾌함에 대해서 좀 더 말하면, 커다란 존재와의 일체화만 중시하는 것은 장난삼아 자신을 없애는 소극적 태도에 불과하므로 인생을 즐길 수 없다.

사람은 살아 있고 끊임없이 행위하는 존재다. 바로 거기에 '자신을 없애는 것'의 난점이 있다. 예를 들어 좌선에서는 무심(無心)으로 앉아 있어야 하는데, 단순히 '앉아 있다'는 정지(停止)를 목적으로 해서는 무심이라고 할 수 없다.

한창 집중해 일하는 직공은 무심한 상태에 이른다. 이는 빠른 속도로 회전하는 팽이가 정지한 것처럼 보이는 것과 비슷하다. 그것이 행위적 직관이 작용하는 상태다. 그때야말로 개인으로서의 자신이 자기 뜻대로 살면서 커다란 존재와의 일체화도 이룰 수 있다.

또한 니시다는 이렇게 말한다.

"우리가 행위적으로 직관한다는 것은 자기모순적으로 사물을 보는 것이다."

'자기모순적'이라는 말의 의미는 이렇다. 세계는 끊임없이 부정(否定)을 반복하며 움직인다. 생명을 가진 것은 죽고, 죽어야 할 운명의 존재가 생식 활동으로 다시 죽어야 할 생명을 만들어낸다. 사(死)라고 하는 생(生)의 부정이 운동을 만들어낸다. 세계는 끊임없이 그런 모순을 포함해 이루어진다.

사자에게 잡아먹히는 토끼는, 그 둘만의 관계만 생각하면 일방적으로 불쌍하게 보인다. 그러나 세계 전체를 보면 먹는 자와 먹히는 자가 있으면서도 생명의 질서가 있는 세계로서 성립한다.

자와 타, 개인과 일반은 서로 모순을 포함하면서도 서로에게 관계하며 작용한다. 니시다는 그것을 '절대모순적 자기동일(絕對矛盾的自己同一)'이라고 한다. 세계는 다양, 모순, 대립, 부정을 보이지만 그것들이 전체를 이룬다. 그것이 우리가 사는 현실이다.

우리는 태어나 줄곧 자기모순적인 모습을 보인다. 예를 들어 몸도 대상화된 사물이다. 몸은 보는 대상이고 보이는 대상이기도 하다. 또한 일하는 대상이기도 하다. 객체이며 동시에 주체다. 이런 모순된 양의적(兩義的)인 존재로서 우리는 살고 있다.

그런 주제를 연구한 사람 중에 프랑스 철학자 메를로퐁티(Maurice Merleau-Ponty)가 있다. 메를로퐁티는 신체는 보이는 것이기도 하고 보는 것이기도 하며 만져지는 것이면서 만지는 것이기도 하다. 세계와 인간은 그런 신체로 이어져 있다. 이 신체를 갖고 이 세계에 살고 있다고 생각했다. 이것 역시 '나는 생각한다. 그러므로 나는 존재한다'와는 다른 세계관이다.

니시다는 메를로퐁티보다 앞서 이렇게 말했다.

"단순히 내가 생각하기 때문에 내가 있는 것이 아니라 행위적으로 직관한다. 행위적으로 직관하기 때문에 내가 존재한다."

나는 행위하기 때문에 나로서 존재한다. 보고 듣고, 생명이 활동하는 속에서 나로서 존재한다. 그것은 행위하는 직관으로서 존재하는 것이지 생각하기 때문에 내가 존재하는 것이 아니다.

자의식을 버리고
세계에 몸을 던질 수 있는가?

니시다의 지성에서 무엇을 배울 수 있을까? 그것은 생활 속에서 느끼는 '상대와의 일체화' 혹은 '자리(場場)의 힘에 대한 체감'이 자아내는 기쁨이다.

서로가 웃는 관계가 되어간다. 이것은 매우 중요하다. 어느 순간에 모두 와 하고 웃는다. 자리에 모인 사람이 서로에게 녹아들 듯 웃을 때 그 웃음은 어디에 있는지 특정할 수 없다. 공간의 '사이(間間)'에 있다고밖에 말할 수 없다.

공간이 웃음에 싸일 때 자신은 사라지고, 모두가 긴장을 풀면 서로 이어진다. 그런 때에 '특별히 재미있지 않다'며 단단한 껍질에 틀어박힌 사람이 있으면 공간은 차갑게 식어버린다. 물론 재미도 없는데 웃을 수는 없다. 그것이 껍질인지 아닌지는 스스로가 잘 알 것이다.

지성을 갖춘 사람은 분위기를 즐길 줄 안다. 스스로도 보다 생기 넘치는 공간을 만들려고 한다. 그래서 시시한 것도 무조건 부정하지 않고 바보가 될 수 있다. 솔선해서 바보가 될 수 있다.

그 전형적인 예가 축제다. 모두가 춤을 추는 자리에서 춤추지 않는 사람은 어색한 존재다. 바보처럼 놀 때는 철저히 바보가 되면 된다. 자신을 잃을까 하는 두려움은 필요 없다. 남이 봐서 부끄럽다는 생각을 할 필요도 없다.

나는 가끔 학생들에게 "노래 불러봐요", "음악에 맞춰 춤춰봐요" 하고 터무니없는 말을 할 때가 있다. 잘하고 못하고는 문제되지 않는다. 아무튼 자의식을 버리라는 의미다. 그럴 때 당황하기만 하고 반응하지 못하는 학생도 있기 마련이다. 특히 자의식이 강한 사람은 여간해서 창피를 무릅쓰고 사람들 앞에서 춤을 추기가 어렵다. 반면에 스스로 바보가 될 수 있는 능력을 지닌 학생도 있다. 물론 그렇다고 책을 읽지 않으면 학문의 세계에서 진짜 바보가 된다.

책을 읽어 지성을 닦으면서도 자의식 때문에 창피하다고 생각하는 자신을 극복할 수 있다. 그렇게 뚫고 나가면 축제를 즐길 수 있게 된다. 혹은 자신을 버리고 그 자리에 몸을 던지는 것이 가능하면 공간을 축제로 바꿔버릴 수도 있다. 자아를 뛰어넘는 그런 자세야말로 지성과 가깝다고 생각한다.

나도 자의식이 상당히 강한 편인데, 창피하다는 감각을 어느 순간에 잘라버리니 해방될 수 있었다. 그것은 민속 축제에서 맨몸이 되어 가마를 메고 싶은 기분과 비슷하다. 밖에서 보면 '이렇게 추운데 맨몸으로 저럴 수 있나' 싶을 텐데, 직접 해보면 추위가 느껴지지 않는다. 그렇게 직접 해보고 싶게 만드는 힘이 축제에는 있다.

나가노 현 스와타이샤의 온바시라 축제(거대한 통나무에 올라타 급경사를 내려오는 행사로 유명)가 그렇다. 사람이 죽기도 할 만큼 위험하다. 그런데도 축제가 이어지는 것은 강한 매력이 있기 때문이다. 그래서 사람들이 위험을 감수하고 참가한다.

그런 감각은 행위적 직관의 세계에 속할지도 모른다. 자의식을 뚫고 나가 '자신의 생명력이 솟아나는 순간'이라 생각한 것에 몸을 맡긴다. 온바시라 축제는 선사시대 문화의 흔적이다. 그때의 공동의식이 여전히 사람들을 움직이게 하는 것인지도 모른다.

'그런 행동은 창피하다'고 느끼는 '나'를 걷어낼 필요가 있다. 우리는 지식과 이론만 우선시하는 경향이 있고, 그것으로 잃는 것도 많다. 니시다의 메시지는 철학적이다. 그러나 우리가 각자의 생활에 가까이 끌어들여 그의 철학을 생각해본다면, 시시하고 멍청해 보이는 행동도 나를 벗어나 경계선을 넘는 순간으로 바꿀 수 있지 않을까.

자기의 힘을 믿는 상태에서 벗어나다

니시다의 사고에 전환점이 된 사건은 딸의 죽음이다. 사실 그는 14세 때에 누나를 잃기도 했다. 육친에 이어 자식을 잃은 슬픔은 크고 깊었다. 수필집 《내 아이의 죽음》에 자식을 잃은 부모의 슬픔을 담아 이렇게 썼다.

"아이의 허무한 죽음으로 많은 교훈을 얻었다." "자신이 명성을 얻으려 할 때 찬물 세례를 맞은 기분이었다." "순수한, 무구한 사랑이란 것을 느낄 수 있게 되었다."

사랑스럽게 말하고 노래하고 장난치던 자식이 순식간에 사라져 작은 단지 속 백골이 된다는 것은 어떤 일일까. 인생이 어차피 그런 것이라면 이보다 더 허무한 것도 없다. 더 '깊은 의미가 없으면 안 된다' 허무하니 '인생에 더 깊은 의미가 있어야 한다'고 니시다는 생각한다.

또한 "후회하는 마음이 생기는 것은 자기 힘을 과신하기 때문이

다"라고 《탄이초(歎異抄)》(승려 신란의 가르침을 제자가 기억하여 쓴 글을 엮은 책)를 인용하면서, 자신이 살아가는 이 세계에는 말로 표현할 수 없는 커다란 힘이 있다는 것을 자식의 죽음을 통해 느낀다.

지성이 있는 사람은 스스로 자신을 통제하고 판단하는 힘이 있다. 그러나 자식이 죽은 경우에는 그런 태도도 사라진다. 더욱 커다란 운명의 힘을 느낄 수밖에 없다.

자기를 버리고 절대적인 힘에 귀의하면 후회하는 마음이 누그러진다. 후회는 자기의 힘을 과신하면서 생기니 운명을 더 느낄 필요가 있는 것이다. 소포클레스의 《오이디푸스 왕》이 갖는 주제도 이와 같다. 프로이트가 제시한 '오이디푸스 콤플렉스'라는 개념의 토대가 된 이야기다.

세계에 재앙이 일어나자 오이디푸스는 부하에게 재앙의 이유를 찾으라고 명령한다. 그러나 재앙의 근원은 오이디푸스 자신이었다. 그는 그 사실을 모른 채 아버지를 살해하고 자신의 어머니와 결혼하는 최대의 금기를 저지른다. 재앙을 초래한 것이 자신임을 안 오이디푸스는 스스로 눈을 찔러 실명한다. 운명에 묶인 인간의 모습이다. 이런 비극은 세상을 사는 의미를 생각하게 만든다. 깊은 사고가 지성으로 나아가는 나름의 합리적 단계가 되어준다.

그러나 자식의 죽음은 다르다. '이제 어쩔 수 없으니 잊자'는 생각을 쉽게 할 부모는 없다. 그저 가슴에 간직할 뿐이다. 그 고통 때문에 더 이상 자신의 힘을 믿기보다 운명이라는 커다란 힘에 몸을 맡긴다. 합리성을 초월하고서야 비로소 인생의 깊은 슬픔에서 해방되는 단계도 분명 있다. 이것도 지성의 모습이다.

맑은 것과 탁한 것을 함께 삼키다

니시다에게서 배울 수 있는 지성을 더 생각해보자. 그는 단순히 합리적 지성으로 주위를 정리해가는 자세를 보이지 않는다. 그보다는 순수경험과 행위적 직관에 의하며, 혹은 모순이 많은 세계를 종합적으로 느끼며 살았다. 맑은 것과 탁한 것을 함께 삼킨다는 '청탁병탄(淸濁並呑)'의 삶이라고 할 수 있다.

비교할 만한 인물로 니시다와 전혀 다른 다나카 가쿠에이 전 수상을 들 수 있다. 그의 전기를 읽으면 언제나 남을 도우려는 인물이란 것을 알 수 있다. 그는 "할머니 성함이 뭐예요?" "식사는 하셨어요?" 하고 마음으로 들어가 거리를 좁힌다. 선거와 관련된 행위로 볼 수도 있지만, 사람에게 깊이 다가가는 그만의 표현이기도 하다.

그는 눈이 많이 내리는 니가타에서 자랐다. 명석했지만 가난한 형편 때문에 어릴 적부터 짐수레를 끌어야 했고 초등학교밖에 다니지 못했다. 그는 주변의 도움을 받으며 자라서 정(情)의 세계를 잘 알고 있었다. 그래서 신분의 높고 낮음을 묻지 않고 항상 깊은 정으로 사람을 대했다.

정경유착이라는 과오를 저질러 금권정치의 상징으로 비판을 받았지만, 그를 지지하는 사람들이 있었던 배경을 살펴볼 필요도 있다. 그는 정으로 관계를 이을 수 있는 도량을 지녔으며, 그것이 많은 사람을 매료했다. 그는 어려운 상황에서 성장한 만큼 사람들이 잊고 사는 깊은 정을 더 강렬히 느끼고 간직했다.

그런 유형의 인물이 더 이상 나오지 않는 이유는 무엇일까. 오늘날에는 긍정적 사고방식과 합리적이고 논리적인 사고를 중시하다 보니, 얄팍한 지성은 보여도 마음 깊이 공감해주는 정은 찾기 어렵다.

부정적인 생각이나 행동을 멀리하고 온통 긍정적이고 적극적인 것들로 세상을 구성하려 한다. 그런 꿍꿍이에서 인간의 졸렬함이 느껴진다. 오히려 긍정과 부정의 구분 자체를 없애고 있는 그대로 사물을 인식하는 것이 진정한 지성이 아닐까.

논리적 사고에 대해 말할 것 같으면, 그런 훈련을 했다고 해서 정확한 판단력을 갖게 되는 것도 아니다. 정작 논리로 해결되지 않는 난감하고도 중요한 시점에서 필요한 것은 직감이기 때문이다. 특히 정치가는 기한이 정해진 상황에서 결과를 내야 한다.

다나카 가쿠에이는 "판단은 언제나 최선이어야 한다. 시간은 제한되어 있기 때문이다"라고 말하며 중국과의 국교정상화를 서둘렀다. 중국 건국의 주역인 마오쩌둥과 저우언라이가 사망하면 중국과의 국교정상화는 힘들어질 수 있었다. 논리로 첨예한 문제 앞에서는 직감을 믿고 실행하는 결단력이 필요했다. 흔히 말하는 공무원적인 발상과는 스케일이 다르다.

혹은 기시 노부스케 내각 당시 1960년 안보투쟁(일본에서 미국 주도의 냉전에 가담하는 미일상호방위조약 개정에 반대하여 일어난 시민 주도의 대규모 평화 운동)에서의 정치적 판단도 그렇다. 안보 반대의 목소리가 전국에 몰아쳤지만 기시 내각은 여론을 무릅쓰고 개정을 강행했다. 그로부터 50년이 훨씬 넘은 현재, 과연 미일안보조약의 폐기가 옳았을까, 아니면 미일안보체제를 지속한 것이 옳았을까. 평화롭고 풍요로운 경제 발전을 이뤘고, 방위비를 억제하며 국방도 강화했다. 나라의 청년들이 반대했지만 기시 노부스케의 판단은 옳았다. 역사적으로는 그렇게 말할 수 있다.

사람마다 평가하는 방법은 다르다. 그러나 시시각각 다가오는 제한된 시간 속에서 결정해야 한다면 최종적인 판단뿐 아니라 책임이 따르는 중요한 일을 지성으로 해내야 한다. 그것을 명심해야 한다.

현실에 맞서는 강한 지성

강인한 생명력과 비논리적 판단까지 포괄할 수 있는 지성은 비단 한 사람의 지도자뿐만 아니라 중대한 정치적 판단을 앞둔 국민 한 사람 한 사람에게도 필요하다. 그것은 2016년 영국의 유럽연합 탈퇴를 둘러싼 투표와 미국 대통령 선거로 더욱 명확해졌다.

지성적인지 어떤지는 판단이 틀렸다는 것을 알았을 때 다시 수정할 수 있느냐에 달렸다.

모두가 '이렇게 하자'는 흐름으로 가고 있어도, 수정이 필요하거나 혹은 이미 실행이 시작되었어도 실패가 예견된다면 수정이 필요하다고 솔직히 말할 수 있어야 한다. 위험한 내기를 하지 않는 것이 진짜 지성이다.

예전, 일본이 전쟁에 돌입할 때도 일부 사람은 '이 전쟁은 패한다'는 것을 알고 있었다. 그들은 전쟁이 무모한 짓이라는 것을 알면서도 모든 것을 하늘에 맡기는 극단적인 행동을 취했다. 끈덕지게 생각하고 강인하게 사는 삶을 스스로 내던져 버렸다.

현실에 강하게 맞서 살아간다. 그렇게 할 수 있는지 없는지가 지성의 유무를 알 수 있는 시험대가 된다. 그 후에 원리와 원칙이 중요한데, 이는 '이렇게 하지 않으면 안 된다'는 완고한 주장과는 다르다. 그래서는 현실에서 융통성을 발휘할 수 없다.

자설(自說)에 빠지면 전체를 볼 수 없고 대화가 필요한 국면에서 자기 생각만 주장하면 협상할 수 없다.

물론 경직된 사고방식이 나쁘니까 집착을 버린다고 해서 유연한 인물이 되는 것은 아니다. 대세가 오른쪽으로 쏠린다고 거기에 따라간다면 그것은 단순한 무사안일주의다. 팔짱을 낀 채 수수방관하는 것도 유연한 태도가 아니다.

경직되지도 않고 현실문제에 좌우되지도 않는다. 자신 안에 원칙을 가지고 그 원칙에 따르면서도, 현실을 살아갈 때 원칙을 수정하고 임기응변으로 행동한다. 그런 유연성과 강인함이 지성적 삶이다.

단, 현상의 문제에는 많은 정보가 넘쳐나는 만큼 한 사람 한 사람에게 빠른 판단이 요구된다. 현대 이전에는 보통의 사람들이 이렇게까지 일일이 판단할 기회가 적었을 것이다. 직업을 선택하는 것도 대개는 가업을 이었기 때문에 고민을 많이 하지 않아도 되었다. 오늘날에는 가업을 잇는 경우도 적고, 직업이라는 것 자체가 달라졌다. 예전에는 두세 명이 했던 작업량을 컴퓨터를 사용해 혼자 해내야 한다. 숙고할 시간도 없다. 대응이 느리면 '서비스가 나쁘다'는 고객 불만으로 이어진다.

오늘날은 서비스에 대해 매우 엄격하다. 그렇기 때문에 높은 수준의 서비스 사회를 만들어냈지만, 이 수준을 유지하기 위해서는 일하는 사람이 긴장의 끈을 놓을 수 없다. 높은 수준의 서비스를 받을 수 있다는 이점을 느끼는 반면에 강한 긴장감 속에서 일해야 하므로 스트레스를 받는 사람이 늘고 있다.

뛰어난 지성을 따라가며 지성을 단련한다

다양한 정보를 제한된 시간 안에 처리하려면 지성을 키워야 한다. 그렇다고 논리성과 합리성만 앞세우는 지성은 스트레스에 약해서 쉽게 꺾여버린다.

자신을 근거로 삼으면서도 자의식을 뚫고 나가 세계로 몸을 움직인다. 니시다가 제시한 그런 지성의 모습을 정리하면 '지·정·의·체'가 되지 않을까.

지성, 정, 의지, 건강한 몸. 이 네 가지를 갖추면 누구와 일을 하고 생활해도 '이 사람이 있어서 도움이 된다'는, 의지가 되는 존재가 될 수 있다. 무엇보다 '그 사람과 있으면 즐겁고 기분이 좋다'는 느낌이 중요하다.

똑똑하지만 정이 느껴지지 않는 사람과는 '같이 있어서 즐겁다'고 느끼기 어렵다. 정을 아는 사람은 지식이나 이론만 앞세우지 않는다. 좁은 가치관으로 판단하지 않기 때문에 매사에 너그럽게 행동할 수 있다. 그런 사람은 '활기차다', '인생을 즐긴다'는 인상을 준다. 한마디로 기분 좋은 삶이다.

한때는 지성이 있는 사람이라 하면 미간에 잔뜩 힘을 준, 심기 불편한 얼굴을 하는 것이 기본이었다. 매사를 심각하게 받아들이는 지식인은 그런 표정을 짓는다고 생각했다. 지식인 남편의 심기가 불편하면 아내를 비롯해 가족 모두가 참고 견뎠다.

그러나 시대가 바뀌었다. 사회는 빠르게 변화하고 많은 사람과 소통해야 한다. 또한 스트레스를 줄이지 않으면 심신이 버티기 어렵다. 심기 불편한 표정을 짓는 자신의 스타일을 바꾸지 않는다면 그것은 주위를 신경 쓰지 않는 것이다. '정'이라는 지성의 모습에서 보았을 때 균형이 맞지 않는다.

균형 잡힌 지성은 자신의 다리로 서는 것을 두려워하지 않는다. 그러나 주위의 변화는 정확히 인식해둔다. 자신의 확신을 중시하면서 추세에 맡긴다는 사고의 정지에 빠지지 않는다. 자신 안의 확신과 자신 밖의 상황을 대조해 한 걸음씩 착실히 생각을 성숙시킨다. 니시다는 그렇게 끈기 있게 사고했다.

니시다의 저서가 어렵다고 느끼는 사람도 많다. 작은 부분까지 철저히 생각했기 때문에 난해하다고 생각한다. 이는 바꿔 말하면, 니시다의 사고의 흐름을 따라가면 사고력을 단련할 수 있다는 것이다.

그래서 진짜 지성을 갖고 싶으면 현격히 뛰어난 사람의 책을 꼼꼼히 읽어야 한다. 그렇게 하면 지성의 궤적을 따라갈 수 있다.

등산 초보자도 상급자 뒤를 따라가다 보면 최적의 루트가 보인다. 그러면 엄두가 나지 않았던 산도 오를 수 있다. 또한 앞서 올랐던 사람이 도중에 보았을 풍경도 감상할 수 있다. 그것이 뛰어난 지성을 따라가며 지성을 단련하는 방법이다.

5 장

탐구하는 사람이 깨닫는
지성

우리는 탐구의 참맛을 잊고 있다

현대는 알고 싶은 것이 있으면 컴퓨터 검색 한 번으로 쉽게 해결되는 세상이다. 한마디로 지식에 접근할 수 있는 고속도로가 생긴 셈이다.

국회도서관 서고에서 잠자고 있던 자료도 인터넷으로 열람할 수 있으니 정보에 대한 접근은 정말 용이해졌다. 굳이 문헌을 찾아 읽지 않아도 같은 주제로 세 번 정도 '구글링'하면 상당히 구체적인 지식을 얻을 수 있다.

덕분에 예전에는 직업적인 연구가가 아니면 불가능했던 조사도 일반인이 할 수 있게 되었다. 검색 방법에 따라서는 약간의 사전 준비가 필요한 경우도 있지만 이내 전문가 수준의 요령을 깨치게 된다.

그러나 이 고속도로는 어이없을 만큼 간단히 목적지에 도착하기 때문에 지식을 얻는 '감동'이라는 점에서는 부족한 면이 있다. 그리고 원하는 지식을 얻기까지의 과정이 짧아지면 정보 수집이라는 점에서는 효율적이지만 지성을 연마하는 데는 아쉬움이 있을 수 있다는 염려도 생긴다.

옛날에는 도쿄에서 교토까지 이동할 경우 상당히 튼튼한 다리를 가진 사람도 12일 정도 걸렸다. 그러나 그 긴 여정을 태평양 연안으로 난 길 도카이도의 53개 역참에 묵으면서 걸으면 평생 잊지 못할 추억이 되었을 것이다.

반면에 현대의 여행은 어떨까? 나도 일 때문에 일 년에 몇 번씩 관서 지역을 포함해 여러 도시를 찾아가는데, 이런 '여행'의 경우는 대부분의 시간을 고속열차나 비행기에서 보낼 뿐이라 특별한 추억이 남지 않는다.

지식도 이와 비슷하지 않을까?

인터넷이 없던 시대에는 마음속에 떠오른 의문을 해소하려면 그 문제에 지식이 있는 사람에게 질문하거나 경우에 따라서는 여러 권의 책을 읽어야 했다. 지금 생각하면 상당히 귀찮은 과정이다. 하지만 이 과정을 거치는 것으로 예상외의 발견을 하고 배움이 깊어지며 사고가 더해진다.

검색이 오히려 탐구에서 멀어지게 한다

검색으로 무엇이든 조사할 수 있다는 점은 놀라운 일이다. 하지만 문명의 이기를 지식 탐구에 이용하는 사람은 사실 그리 많지 않다.

특히 최근에는 젊은 세대일수록 인터넷은 스마트폰으로 충분하다는 의식이 강해서 컴퓨터의 필요성을 느끼지 않는다. 그러나 스마트폰의 작은 화면은 내용이 긴 본문을 읽기에 맞지 않다. 이렇다 보니 맛집 검색이나 쇼핑, SNS 등의 사용 빈도가 훨씬 크다.

지식을 탐구할 마음만 있으면 예전보다 더 쉽게 접근할 수 있는 환경이 조성되었지만 사람들의 생활방식은 조금씩 탐구로부터 멀어지고 있다.

그러나 무언가에 빠져 탐구하는 행위는 우리의 인생을 풍요롭게 한다.

우리가 무언가를 탐구하는 이유는 마음속에 지식과 진리에 대한 억누르기 힘든 갈망이 있기 때문이다.

어떤 분야든 거기서 일류인 사람은 유별난 탐구심을 갖고 있다. 가령 물리학자 유카와 히데키의 경우, 그의 자서전《나그네(旅人)》를 보면 잠을 잘 때도 꿈속에서 자신의 의견을 가설로 세우고 그것을 검증하는 작업을 하기 때문에 잠에서 깼을 때 바로 기록할 수 있도록 반드시 머리맡에 공책을 두었다고 한다.

나는 인생에서 가장 다루기 어려운 적은 따분함과 무익함, '무엇을 해도 의미 없다'고 생각하는 허무주의(니힐리즘)라고 생각한다.

그런 점에서 탐구형 인간은 내버려 두어도 무언가를 탐구하기 시작하고 주위에서 말려도 멈추지 않는다. 그런 동안에는 인생이 무의미하게 느껴지는 순간이 찾아오지 않는다.

살아 있는 정보를 얻기 위해
사람을 만난다

탐구가 인생을 풍요롭게 하는 행위라면 다음으로 생각해야 할 것은 구체적인 방법이다. 뭔가를 탐구하려고 할 때 대개는 '많은 문헌과 온라인 정보를 포함한 텍스트 읽기'를 상상할 것이다. 이 책에서도 1장에서 소개한 나쓰메 소세키, 2장의 후쿠자와 유키치는 끊임없이 외국어 교재를 읽었다.

그러나 '현실 세계에서 사람을 만나는 것'도 마찬가지로 중요한 탐구 방식임을 이번 장에서 강조해두고 싶다.

예를 들어 한 지역에서 사람들의 생활 모습을 조사할 경우, 현대라면 인터넷만으로도 상당량의 정보를 얻을 수 있다. 그러나 실제로 현지에 찾아가서 그곳 사람들에게 직접 물어보면 일반적인 정보와는 상당히 다른 이야기를 듣게 되는 경우가 의외로 많다.

또한 결과적으로 인터넷 정보와 모순되지 않은 것만 보고 들었어도, 현지인에게 직접 듣고 자기 눈으로 확인한 정보에는, 텍스트에서 이차적으로 얻은 정보에 없는 '실재감'이 있다. 탐구에서는 탐구자 본인이 이 실재감을 얼마나 강하게 느끼느냐에 따라서 탐구 방향이 미묘하게 바뀐다.

이런 탐구 방법을 배우기에 좋은 본보기가 되는 사람이 있다. 이번 장에서 소개하는 야나기다 구니오와 오리구치 시노부 그리고 미나

가타 구마구스와 미야모토 쓰네이치가 대표적인, 민속학 분야의 탐
구자들이다.

새로운 분야를 개척한 사람의 사명감

야나기다 구니오는 1875년, 시카마 현 다와라무라에서 유학자·의
사 집안의 여섯째 아들로 태어났다.

야나기다는 도쿄제국대학을 졸업하고 농상무성 공무원이 되어 도
호쿠 지방의 농촌 실태를 조사·연구하는 일을 맡았다. 이 일을 계기
로 전국 각지의 풍습과 구전 계승에 관한 자료를 수집하게 되었고,
타고난 정보처리 능력과 높은 문학적 소양으로 이들 자료에 독자적
인 해석을 더하고 체계를 만들어 서술했다.

개인적으로는 야나기다의 이름을 볼 때마다 떠오르는 일이 있다.
내가 대학에 갓 입학했을 때 정치학 교수가 "야나기다 구니오의 저
서를 전부 읽지 않고서는 말할 가치가 없다"고 해서 서둘러 야나기
다 전집을 구입했다.

그런데 막상 전집을 받아 보니 권수가 너무 많아 쉽게 읽을 수 있
는 물건이 아니었다. 표지를 보고 내용을 훑어보면서 얼떨떨했다.
'한 인간이 정말 이렇게 많은 문장을 쓸 수 있을까?'

사실 야나기다의 업적은 양적으로도 놀랍지만 다루는 분야도 상

당히 광범위했다. 이 정도의 일을 혼자 힘으로 해냈기 때문에 일본 민속학의 창시자이며 민속학의 미개척 분야를 혼자 채워버린 인물로 평가받는 것이다. 한마디로 '지식의 거인'이었다.

여기서 야나기다 구니오의 방대한 업적 가운데 일부를 소개하겠다. 1910년에 발표한 《도노 이야기(遠野物語)》는 그가 이와테 현 도노 지방의 민담을 그곳 출신인 사사키 기젠이라는 인물로부터 직접 듣고 쓴 것이다. 야나기다의 대표작인 동시에 일본 민속학의 원조가 된 책이다.

자시키와라시(장난도 치지만 집안에 번영을 가져다주는 정령)나 가미가쿠시(마신의 소행으로 어린아이가 갑자기 행방불명되는 일), 우바스테 전설(살림이 어려워 친어머니처럼 봉양하던 늙은 이모를 산에 버렸다가 달빛을 보고 후회해 다음 날 다시 데려와 모셨다는 전설) 등 도노 지방의 전승 민담은 현재에도 요괴 만화에 자주 등장하면서 많은 사람에게 알려졌다. 《도노 이야기》가 없었다면 지금은 완전히 잊혔을 것이다.

《메이지다이쇼사 세상편(明治大正史 世相篇)》은 야나기다가 살던 메이지·다이쇼 시대 서민들의 생활상을 상세히 조사해 분석한 책이다.

역사학에서는 옛날 서민의 생활상 조사가 가장 어렵다고 한다. 미나모토노 요리토모, 도쿠가와 이에야스 같은 권력자나 그들 주변에서 이름을 남긴 사람들이 무엇을 했는지 조사하기란 그리 어렵지 않다. 그들의 언동은 그때그때 공식 문서나 동시대인들의 일기에 기록

된다.

그러나 이름 없는 대다수 서민들이 무엇을 먹고 입고 생각하며 생활했는지에 대해서는 거의 기록이 남아 있지 않다. SNS로 개인적인 일상을 적극적으로 공개하는 현대인과 달리 옛날의 서민들은 자신의 생활을 알리거나 남기고 싶다는 의식이 없었고, 정부도 그것이 후세가 관심을 가질 만큼 중요한 내용이라고 생각하지 않았다.

이처럼 보통은 역사 속에 묻힐 사람들을 야나기다는 '상민(常民)'이라 부르며 그들 매일의 생활상이 후세에 정확히 전해질 수 있도록 상세히 조사해 정리했다.

누구나 할 수 있는
쉬운 탐구 방법이 있다

이런 상민에 대한 시선이 야나기다의 참모습이다. 《목면 이전의 일(木綿以前の事)》은 일본인의 의(衣) 문화에 대한 책으로 '목면을 입기 전 일본인은 무엇을 입었나' 하는 시점에서 조사한 것이다.

《여동생의 힘(妹の力)》은 통상적으로 남성중심사회라 생각하는 일본사회에서 '여성의 힘'이 의외로 존재감을 발휘했다는 것을 실증적으로 연구한 내용을 담고 있다. 《성 이야기(苗字の話)》는 서민 성씨의 뿌리를 조사한 책이다.

야나기다가 이 정도로 방대한 연구를 남길 수 있었던 것은 그 동기의 중심에 '자신이 지금 이것을 써두지 않으면 모두가 망각한다'는 생각이 있었기 때문이다.

《산의 인생(山の人生)》은 산속에서 살았던 사람들이 체험한 신기한 이야기를 모은 작품인데, 서문에서 야나기다는 "이것은 지금 내가 말하려는 문제와 직접적인 관계는 없지만"이라는 말로 양해를 구하면서 불황의 시기에 한 집안에서 일어난 불행한 사건을 언급한다. 그 이유로 야나기다는 "지금은 기억하는 사람이 나 말고는 한 사람도" 없기 때문이며 "이런 기회가 아니면 다시 떠올릴 일도 없고, 또 누구도 귀를 기울이려 하지 않기 때문에 서문을 대신해 남겨둔다"고 말한다.

자신의 탐구심이 이끄는 대로 수집한 자료(사료)를 읽고 나름대로 해석하고 분석한다. 야나기다가 실천한 이런 민속학 연구법은 누구나 따라 하기 쉽다는 이점이 있다.

예를 들어 한 사람이 패션을 탐구 대상으로 정해 과거 100년간의 패션 역사를 조사하려 한다고 하자. 이 경우에는 먼저 인터넷, 고서점, 도서관을 활용해 한차례 정보를 모으면 쉽게 시작할 수 있다.

그다음에 100년간 유행의 변천을 5, 10년 주기로 나눠 분류하고, 각 시대 유행의 특징을 고찰하면 상당한 연구 성과를 얻을 수 있다. 여기까지 해냈다면 이미 상당한 수준의 패션사 연구가가 된 것이다. 그만큼 지식과 식견을 갖춘 것이다.

이런 야나기다 방식의 탐구는 끈기만 있으면 누구나 어느 정도의 성과를 기대할 수 있다는 점에서 매우 안정된 방법이다.

신기한 세계에 이끌려
길을 헤매는 즐거움

이런 체계적(귀납적) 접근과는 대조적인 방법론을 가졌던 사람이 민속학에서 야나기다에 필적하는 평가를 받는 또 한 명의 거인 오리구치 시노부다.

오리구치는 원래 야나기다의 애제자로서 민속학의 길에 들어섰는데 스승과 제자 사이의 사고방식에 차이가 생겨 독자적인 학파인 오리구치파를 창설했다. 그런 두 사람의 관계를 보면 프로이트에게 정신분석학을 배웠지만 결국 이론적으로 대립해 분석심리학을 확립한 융이 떠오른다.

오리구치의 장기라 할 수 있는 탐구 스타일은 하나의 수수께끼에 대해 자신의 직관을 토대로 가설을 세우고, 그 가설을 밀고 나가는 방식이다.

이렇게 세운 오리구치의 학설은 이미 그 시대에 '검증하기 어렵다'는 비판을 받았다. 그리고 최근에는 가설 검증 과정에서 잘못된 점들이 지적되어 그에 대한 평가가 찬반으로 나뉘고 있다. 《만엽집(萬

葉集)》(일본에서 가장 오래된 가집歌集)을 연구한 학자로서의 공적은 있지만 민속학자로서는 평가할 가치가 없다는 의견까지 있다.

그러나 그의 저서에는 '검증하기 어렵다'는 이유만으로 방치할 수 없는, 말로 하기 어려운 마력이 있다. 신기한 세계에 이끌려 길을 헤매는 즐거움 비슷한 것이 있다. 이런 점 역시 융을 닮았다.

그 마력에 대해 《만엽집》 연구가 우에노 마코토는 오리구치의 평전 《영혼의 고대학(魂の古代學)》에서 흥미로운 내용을 언급한다. 우에노에 의하면 일본을 대표하는 한 고대문학 연구자가 자신이 지도하는 학생들에게 오리구치의 책을 읽는 것을 금지했다고 한다.

학문을 시작하는 시기에 오리구치 시노부를 알면 오리구치 특유의 매력적인 물음과 수수께끼에 홀려서 실증적인 논문을 쓸 수 없기 때문인데, 우에노 자신도 "장래가 촉망되었지만 수수께끼에 홀려 연구자로 자립하지 못한 예전의 수재들을 나는 여럿 알고 있다"고 말한다.

직관에 의해 유도된 가설을 독자적인 설득력으로 전개하는 오리구치의 저서에 우에노가 말하는 위험성이 있을지도 모른다. 나도 오리구치의 책을 읽고 그 마력에 끌려 벗어날 수 없을 것 같은 기분이 든 적이 있다.

상식을 뒤흔드는 사람의 사고방식

오리구치의 사상을 알기 위한 중요한 키워드로, 그가 일본인의 신앙관을 설명하기 위해 사용한 '마레비토'와 '귀종류리담'(貴種流離譚, 설화 유형 중 하나로 귀한 신분의 영웅이 고향을 떠나 유랑하다가 동물이나 여성의 도움 등으로 고난을 극복해나가는 이야기)이 있다.

간단히 설명하면 일본인의 신앙과 제사의 근본은 외부에서 오는 '귀한 사람'(드물게 찾아오는 귀한 손님이라는 의미에서 '마레비토'라고 부른다)을 맞이하는 데 있다. 신앙의 대상이 되는 마레비토는 공동체 내부가 아니라 외부에서 온다는 사고방식이다.

그렇지만 이 귀한 손님이 신인가 살아 있는 몸을 가진 인간인가 하는 문제에 대해서 오리구치는 명확히 언급하지 않는다.

가령 마레비토가 신이라면 이것이 과연 인격을 갖는 초월적인 신인지 아니면 정령 같은 신비한 존재로 생각해야 하는지에 대해서도 책에서는 답을 얻을 수 없다.

이런 모호함은 그의 책을 읽다 보면 여러 번 등장한다. 예를 들어 학자가 '고대'라는 말을 쓰면 그것은 아스카시대나 나라시대처럼 역사적 구분과 시간대를 가리키는 말로 해석된다. 하지만 오리구치가 "고대에서 축제가 발생……"이라고 한 경우에는 '고대'가 그런 의미로 사용되지 않는다.

오리구치는 일본인 사고의 하층, 마음 깊은 곳에 '고대'라고 하는,

예전에 존재했을지 모를 시대가 남아 있다는 생각을 토대로 '고대'라는 말을 사용한다.

오리구치는 문학의 '발생'에 대해서도 마레비토를 적용해 설명했다. 그에 의하면 마레비토는 공동체를 찾아올 때 '말'을 갖고 온다. 그 말은 '주술'이나 '조칙(詔勅)'으로 불리는 신의 메시지로, 그것들이 일정한 이야기와 노래 형식을 동반해 세련되게 다듬어진 것이 오늘날의 와카(일본 고유의 정형시)와 모노가타리(일본 고유의 산문 문학으로 다른 사람에게 이야기하는 식으로 서술)의 원형이 되었다고 말한다.

예를 들어 와카에는 특정 어구 앞에 붙이는 수식어인 '마쿠라고토바'라는 것이 있다. 치하야후루, 아카네사스, 타라치네노, 아오니요시 등 현대인에게는 의미를 알 수 없는 말인데 오리구치에 의하면 이런 마쿠라고토바 대부분이 나라시대(710~794)에 이미 의미를 알 수 없게 되었다고 한다. 그런데도 와카에서 마쿠라고토바가 계속 사용된 것은 이것이 '신과 관련된 말'이라고 사람들이 알았기 때문이라고 한다.

이처럼 오리구치의 탐구 방식은 말에 담긴 주술적 요소에 주목해 직감하는 특징이 있어 당연히 검증하기 어렵다는 비판을 받는다. 그러나 선입관을 배제하고 읽으면 오리구치의 가설이 보여주는 독창성과 예리한 직관에 여러 번 감탄하게 된다. 특히 문학의 발생을 마레비토와 연결해 설명한 그의 가설은 문학이 한 작가나 시인의 머릿속에서 만들어진다고 생각하는 우리의 상식을 뒤흔든다.

말에 대한 통찰이 신체감각을 깨운다

말의 근원적 힘에 주목하여 그것을 실마리로 삼아 시간을 거슬러 올라가 해석한다. 고대 문학에 대한 오리구치의 이런 접근법은 매우 흥미롭게 느껴진다.

그의 방식은 20대의 젊은 시기에 확립된 것 같다. 오리구치는 24세부터 3년간 오사카의 학교에서 고전을 가르쳤는데 지도 내용이 아주 독특했다.

가령 '사유루(冴ゆる)'라는 동사는 현대에서는 '사에루(冴える)'로 변화해서 종소리가 '맑다', 칼날의 색이 '선명하다', 졸음이 '가시다' 등의 용법으로 사용되는데, 오리구치는 이 '사유루'의 어원이 '마음에 청량감을 느끼는 것'이라고 설명했다.

혹은 '성내다'라는 뜻의 '이키도오루(憤る)'는 감정이 격해 호흡이 거칠어지면서 '숨이 나오는 것'이 어원이고, '한탄하다'는 뜻의 '나게쿠(嘆く)'는 자신도 모르게 길게 한숨을 내쉬는 '긴 숨'이며 이것이 변해서 '비탄'이라는 뜻의 '나게키(嘆き)'가 되었다고 설명했다.

'이키도오루'가 현대에서는 거의 '화내다'는 뜻의 '오코루(怒る)'와 같은 의미의 말이 되었는데, 생각해보면 분할 '분(憤)'은 발분(發憤)하다의 분으로, '발분하다'는 '분발하다'는 긍정적인 의미로도 쓰인다. 이렇게 볼 때 흥분해서 숨이 나오는 '이키도오루(憤る)'는 신체감각으로 공감할 수 있다.

보통은 별 생각 없이 사용하는 말도 이처럼 어원을 보면 말이 발생하는 순간을 목격하는 경험을 할 수 있다.

'이키도오루'는 꼭 화난 상태를 가리키는 것이 아니라 흥분해서 숨이 나오는 것.

'나게키'는 단순히 슬퍼하는 것뿐만 아니라 긴 한숨을 내쉬는 것.

이렇게 생각해보면 잠자고 있던 신체감각으로 언어를 느낄 수 있다.

근원까지 거슬러 올라가는 직관의 힘

이렇게 말의 근원까지 거슬러 올라가는 직관의 힘은 오리구치가 30세라는 젊은 나이에《만엽집》4516수의 구어(口語) 풀이를 완성하면서 학문적 성과로 처음 결실을 맺는다.

지금은《만엽집》에 현대어 번역이 붙어 있지만 전쟁 전까지는 한자로 쓰인 원문 옆에 가타카나를 적어놓은 것이 전부라서 읽기가 어려웠다. 여류 와카 시인 누카타노 오키미의 노래(1권 20수)를 보면 이런 식이다.

茜草指 武良前野逝 標野行 野守者不見哉 君之袖布流

(アカネサス ムラサキノユキ シメノユキ ノモリハミズヤ キミガソデフル)

그런《만엽집》을 오리구치는 역사상 최초로 구어체로 옮기고 한자음을 병기했다. 오리구치의 이 두 가지 고안 덕분에《만엽집》은 지금 우리가 읽고 있는 형태가 된 것이다.

앞의 누카타노 오키미의 노래도 오리구치가 출간한《구역(口譯) 만엽집》에 다음과 같이 수록되어 있다.

あかねさす 紫野(ムラサキヌ) ゆき, 標野(シメヌ) ゆき, 野守は見ずや.
君が 袖ふる
지치꽃 들판으로 가, 영유지를 지날 때, 들지기가 안 볼까요, 소매를
흔드는 그대를

《만엽집》이라는 가집은 후대에 만들어진《고금(古今) 와카집》에 비해 소박한 심정을 읊은 노래가 많은 것이 특징인데, 임신란(672년 왕위 계승을 둘러싼 내란)부터의 오래된 노래만 있으며 당시의 방언으로 읊은 노래까지 수록되어 있다. 현대인은 물론 에도시대에도 대부분의 사람이 읽을 수 없었던 이 가집을 전부 현대어로 옮기는 작업은 말에 대한 오리구치 특유의 근원적 직관력이 없었다면 불가능했다.

이 일을 해낸 오리구치는 젊은 나이에《만엽집》의 권위자가 되었는데, 놀랍게도 이를 전부 구술로 해냈다.

경제적으로 어려웠던 오리구치는 생계를 위해《구역 만엽집》을 생각해냈다. 아침 9시부터 밤 10시까지《만엽집》원문을 읽으며 구

술로 풀이하면 그것을 세 명의 친구가 번갈아 받아쓰는 작업을 3개월간 계속해 완성했다. 사전과 참고 도서를 전혀 사용하지 않았다고 하니 놀라운 능력이다.

감성을 추적하여 이해하는 방법

지금도 중앙공론신사에서 간행되는 오리구치의 《구역 만엽집》을 읽다 보면, 역자 오리구치가 옛사람과 자신의 심성을 일체화시켰거나 손과 붓에 옛사람을 빙의시켰다고밖에 생각할 수 없는 부분이 있다. 옛사람의 정경과 심상을 말하는 그 어조가 마치 무당이 세상에 없는 사람의 말을 대신 하듯 느껴진다.

세상에 존재하는 것이라면 그것이 '어떻게 생겨났나?'에 대한 설명, 즉 발생의 수수께끼를 풀기는 쉽지 않다. 예를 들어 와카는 5·7·5·7·7 형식으로 짓는데 '왜 이 형식으로 짓게 되었을까?'에 대한 대답은 다양하다.

물론 그 형식으로 지어야 리듬이 살고 감동이 짙어진다는 것은 경험으로 알고 있다. 그런데 '왜 이 시의 형식이 심금을 울릴까?' 하고 물으면 시의 기원을 기록한 사료가 존재하지 않는 이상 확실한 답을 내놓을 수 없다.

말해줄 수 있는 사람이 존재하지 않고, 실마리가 될 사료도 존재하지 않는 수수께끼에 접근하려면 오리구치의 탐구 방식이 효과적이다. 현존하는 것을 관찰하고 직관력으로 그 시작을 추측해 가설을 세우는 방식이다.

물론 '과학은 검증을 위한 시험이 가능한 것'이라는 칼 포퍼의 말에 따르면(프롤로그 참고), 평생 동안 검증하기 어려운 가설을 세웠던 오리구치는 과학적이라고 할 수 없다.

그러나 나는 오리구치의 방식이 가설의 영역을 벗어나지 못한다 해도 그 가설이 지극히 독창적이고 설득력이 있다면 그것 자체로 학문적 가치가 있다고 생각한다.

번뜩이는 사고가 명령하는 대로 세워진 가설에는 옥석이 섞여 있고, 때로는 진지하게 고려할 가치가 없을 수도 있지만, 이후에 관심을 가진 다른 이가 증명해낼 수도 있다.

또한 민속학이라는 영역에서는 부정한다 해도, 문학으로서 가치가 있는 만큼 오리구치의 방식을 따른 논문이 있어도 괜찮다고 생각한다. 오리구치는 뛰어난 문학가이기도 했다.《신도쿠마루(身毒丸)》,《사자의 서(死者の書)》 등의 뛰어난 단편소설을 발표했고, 샤쿠초쿠라는 이름으로 많은 시를 남겼다.

대표적인 작품을 몇 가지 소개하자.

칡꽃 지르밟혀 선명하게 물들었으니 날 앞서 이 산길 간 이 있구나

물맞이게 가지고 노는 아이의 돈 좀 주세요 하는 듯한 벌게진 손바닥
을 나는 봐버렸네

여행의 시름에 약해질 즈음 시마의 저 끝 아노리 곶의 불빛 보인다

이처럼 탁월한 가인이었던 오리구치였기 때문에 옛사람들이 노래
를 빌려 표현한 마음의 깊은 곳까지 들어갈 수 있었다고 생각한다.

직접 와카를 지을 수 있는 사람은 그 노래가 솟아나오는 곳, 발생
지점을 자신의 눈으로 볼 수 있다. 그렇게 자기 안에서 솟아난 감각
을 실마리 삼아 '옛사람도 분명 같은 감정을 느꼈으리라'고 상상하
는 방식은 지금은 풀이가 어려운 문자 이해에 효과가 있다고 할 수
있다.

스스로 와카를 지을 수 있는 심상이 없다면 어떨까?《만엽집》에
담긴 옛사람의 심정을 알기 위해 문헌 같은 객관적 자료에 의지해
논증하고 분석해야 한다. 그렇다면《만엽집》의 와카가 생겨나는 순
간을 온전히 이해할 수 없다는 한계가 생긴다.《만엽집》연구가로서
는 치명적인 결함이 될 수 있다.

내 안에 있는 타인을 본다

이런 이해 방식이 가능한 '빙의형' 지성의 소유자 중 대표적 인물이 소설가 다자이 오사무다.

작가로서 다자이의 특성 중 하나는 남성 작가이지만 여성의 심리를 때로 여성 일인칭을 사용해 그렸다는 데 있다. 그의 작품 중 《여학생》이라는 단편이 있다. 다자이는 십 대 소녀가 마치 자신에게 빙의된 것처럼 그 심리를 사실적이고도 섬세하게 묘사했다. 일부를 인용해보자.

아침, 눈떴을 때의 기분은 재미나다. 술래잡기할 때 깜깜한 벽장에 가만히 웅크리고 있는데 돌연 술래가 드르륵 장지문을 열고, 햇빛이 막 쏟아지면서 "찾았다!" 하고 큰 소리로 외치고, 눈부심 그리고 묘한 어색함, 두근거리며 앞섶을 여미게 되는 왠지 쑥스러운 느낌.

아침엔 언제나 자신이 없다. 잠옷 차림으로 화장대 앞에 앉는다. 안경을 쓰지 않고 거울을 보면, 얼굴이 조금 흐릿해지고 차분해 보인다. 내 얼굴에서 안경이 가장 싫지만 남들이 모르는 안경의 장점도 있다. 안경을 벗고 먼 곳을 보는 걸 좋아한다. 시야 전체가 희미해진다. 꿈처럼, 활동사진처럼 멋지다. 더러운 것 따위는 아무것도 안 보인다. 큼직한 것만, 선명하고 강렬한 색, 빛만 눈에 들어온다. 안경을 벗고 사람을 보는 것도 좋다. 상대의 얼굴이 전부, 상냥하고 예쁘게 웃는 얼굴이다. 그리고 안경을 벗고 있을 때는 결코 사람과 싸울 생각이 나지 않고, 욕도 하고 싶지 않다. 그저 가만히, 멍하니 있을 뿐. 그럴 때 내가 남들에게도 착해 보일 거라고 생각하면 나는 더 멍하니 안심하고, 어리광부리고 싶어지고, 마음마저 무척 상냥해진다.

이렇게 싱그러운 사춘기 소녀의 기분이 일인칭으로 그려진다.
이와 다르게 다자이의 단편《직소》는 이런 식으로 시작된다.

말씀드리겠습니다, 나으리. 그 사람은, 너무합니다. 너무합니다. 예. 못된 놈입니다. 나쁜 사람입니다. 아아, 참을 수가 없습니다. 도저히 살려둘 수가 없습니다.

이것만 읽으면 에도시대를 무대로 한 추리소설인가 싶은데, 사실이 작품의 주인공(화자)이 예수를 밀고하려는 유다라는 것을 읽는 중에 알게 된다.
이 소설은 스승 예수에 대한 용솟음치는 애정과 그가 다른 제자들만큼 자신을 평가해주지 않아 생긴 조바심 사이에서 번민하다가, 결국 애증이 뒤섞인 감정을 맹렬히 담아 말하는 유다의 고백으로 구성되어 있다.
그리고 이 작품은 다자이의 구술로 쓰였다. 구술로 이 정도의 문학

작품을 완성할 수 있다는 것은 충격이다.

유달리 사람에 대한 애정이 깊지만 타인에게 사랑받지 못한다고 느껴 비굴해지는, 그런 유다와 비슷한 감정을 다자이도 느끼지 않았을까. 그래서 유다를 대신해 말할 수 있었던 것이 아닐까.

나는 이런 자질, 즉 자신 안에 있는 타인과 닮은 요소를 매개로 다른 이를 이해하는 능력은 문학가와 나아가 창작하는 모든 사람 그리고 현대사회에서 상품을 개발하는 사람에게도 꼭 필요한 자질이라고 생각한다.

이해를 위한 두 가지 길

프롤로그에서 '이해는 지성의 원동력'이라고 말했다.

'이해'에는 크게 두 가지 방법이 있다. 하나는 분석해 요점을 추려 정리하는 전전두엽을 사용하는 방법이다. 최근에는 철학의 개념을 도표나 일러스트로 알기 쉽게 보여주는 책들이 나오는데, 그런 이해 방식이 전전두엽을 사용하는 전형적 방법이라 할 수 있다.

그런데 사람에 따라 다른 이해 방식이 맞는 경우도 있다. 그것이 이번 장에서 말한 '빙의형' 이해다.

책과 작가에 빠져 읽다 보면 자신도 모르는 사이에 그 작가만이 그려내는 등장인물의 말투가 흡수되기도 한다. 그만큼 깊이 빠져 자신의 감성이 극대화되는 독서를 하면 자신의 내부에서 저절로 해석이 터져 나온다.

분석형 이해와 빙의형 이해. 어느 쪽이 적성에 맞는지는 야나기다와 오리구치처럼 그 사람의 선천적 기질에 좌우되는 면이 크다. 그리고 분석과 직감, 이 두 가지를 함께 사용하는 것도 충분히 가능하다.

두 가지 방법을 의식하는 것만으로도 지성은 확실히 단련된다.

지성을 갈고 닦는 것은 우리 개개인의 과제다.

세계적으로 포퓰리즘의 대두가 지적되고 있다. 포퓰리즘은 대중의 이익과 바람, 불안을 이용해 기존의 체제와 대결하는 정치사상으로, 민중영합주의로도 해석된다.

선동은 민중영합주의의 특징이 되기도 한다. 불안과 이익을 부추겨 양자택일의 선택을 강요한다. 선동하고 단시간에 양자택일을 강요하면 사람은 끌려온다.

'공기업 민영화, 예스냐 노냐', '정권교체, 예스냐 노냐', 이런 선택적 상황이 이후의 현실을 만들고 역사를 만든다. 18세로 투표 연령이 낮아진 지금 일본의 고등학생에게도 종합적 판단을 위한 지성이 더욱 필요해졌다.

지성의 본질은 유연성이다. 상황에 적응할 수 있는 생물만이 살아남듯, 시시각각 변하는 상황에서 유연하게 대응할 수 있는 판단력이 바로 지성이다.

교양을 갖추면 단기적이고 편협한 사고에서 벗어날 수 있다. 역사를 알고, 사고의 기본을 습득하면 타인에게 휘둘리지 않는다.

항상 '본질적이면서도 구체적'으로 사고하는 습관을 연습할 것. 이것이 지성을 갈고 닦는 기본 트레이닝이다.

'지금 자신이 말하려는 것은 본질적인 건가? 쓸모없는 것은 아닌가?'

'지금 자신이 말하려는 것은 구체적인 건가? 일반론이나 추상론으로 얼버무리는 것은 아닌가? 현실을 개선할 구체적 방법을 제시할 수 있는가?'

스스로에게 이런 물음을 던지면서 회의에 참가하고 일하면 자신이 발언할 때마다 지성은 단련된다.

오늘날에는 트위터, 페이스북 등의 소셜네트워크서비스가 발달했다. 일부에서는 '바보 발견기'라 불릴 만큼 부주의한 발언과 사진 및 영상 업데이트가 스스로의 신용을 잃게 한다. 반면에 옳은 발언으로 사회적 평가를 받아 현실적 인간관계와 일의 폭이 넓어지는 사람도 있다. 그야말로 개개인의 지성 수준이 노골적으로 드러나는 시대인 것이다.

자동차로 도로를 달리려면 운전면허가 필요하듯 본래는 공적인 자리에서 발언을 하려면 지성을 습득하는 연습이 필요하다. 현재 인터넷상에서는 '제대로 연습도 안 했는데 무작정 도로로 나가 운전'하는 사태가 일어나고 있다.

부정확한 정보로 타인을 일방적으로 비난하고 차별을 담은 말을 하면, 결국 치명적인 사태를 초래한다. 말을 하기 전에 '이 말을 하면 어떤 영향이 생길지' 일단 멈추고 생각하는 습관을 갖는 것으로도 지성은 단련된다. 예측은 사고 예방을 위해서도 중요하다.

데카르트는 '속단과 편견을 피한다', '작게 나눈다', '순서를 정한다', '열거한다' 이 네 가지 규칙을 스스로 정해 연습했고, 실천으로 정신 활동의 정밀도를 높였다.

스스로 '지성의 기본 규칙'을 정하고 운동과 연주를 연습하듯 트레이닝하면 보다 효과적일 것이다.

데카르트는 몇 가지 의견이 있어 망설일 때는 그중 가장 온건한 것을 선택했다. 극단적인 것은 좋을 리 없다는 것이 통례이다. 공자는 이를 중용(中庸)의 덕이라고 했다. 중용도 규칙으로 삼아 연습하면 차츰 그 감각을 익힐 수 있다.

이런 지성의 훈련에는 수첩 활용이 효과적이다. 사소한 일이든 중요한 일이든 선택한 것을 기록해놓고 확인하면 도움이 된다.

벤저민 프랭클린은 자신만의 규칙을 세우고 수첩에 적어 지성을 단련했다. 마찬가지로 우리도 수첩으로 지성을 단련할 수 있다. 대단치 않은 규칙을 세워도 상관없다. 그림을 그려서 설명한다, 단정적인 말을 피한다, 구체적인 예를 들어 말한다, 하는 식으로 규칙을 정해 연습하면 된다.

지성은 자동차 운전과 같다. 사고를 일으키지 않으려면 연습이 필요하고, 제대로 할 수 있게 되면 생활에 도움이 된다.

하루하루 흘러가는 정보의 물길 아래에 쉽게 쓸려가지 않는 깊고 풍부한 지하수를 비축해 둘 것. 이것이 지성의 이미지다. 자기 마음속에 지성의 거인들이 커다란 나무가 되어 숲을 이룬다고 느끼는 것도 지성의 이미지다.

풍부한 지성이 넘치는 인생을 즐기자.

책이 출간되기까지 SB 크리에이티브 학예서적 편집부의 요다 고사쿠 씨, 작가 후루카와 다쿠야 씨의 도움을 받았다. 두 분에게 감사의 말을 전한다.

사이토 다카시의
유연한 지성의 단련법

1판 1쇄 인쇄 2017년 9월 8일
1판 1쇄 발행 2017년 9월 15일

지은이 사이토 다카시
옮긴이 홍성민
펴낸이 김성구

책임편집 김민기
단행본부 박혜란 나성우 김동규
저작권 이은정
디자인 홍석훈 문인순
제 작 신태섭
마케팅 최윤호 송영호 유지혜
관 리 노신영

펴낸곳 (주)샘터사
등 록 2001년 10월 15일 제1-2923호
주 소 서울시 종로구 대학로 116 (03086)
전 화 02-763-8965 (단행본부) 02-763-8966 (영업마케팅부)
팩 스 02-3672-1873 **이메일** book@isamtoh.com **홈페이지** www.isamtoh.com

한국어 판권 ⓒ (주)샘터사, 2017, *Printed in Korea.*

ISBN 978-89-464-2067-0 03190

이 도서의 국립중앙도서관 출판예정도서목록(CIP)은 서지정보유통지원시스템 홈페이지(http://seoji.nl.go.kr)와
국가자료공동목록시스템(http://www.nl.go.kr/kolisnet)에서 이용하실 수 있습니다.(CIP제어번호: CIP2017020675)

값은 뒤표지에 있습니다.
잘못 만들어진 책은 구입처에서 교환해드립니다.